Ho♥oponopono

para niños

María José Cabanillas

Ho♥oponopono
para niños

MADRID — MÉXICO — BUENOS AIRES — SAN JUAN — SANTIAGO
2014

Editorial EDAF, S. L. U.
Jorge Juan, 68. 28009 Madrid
http://www.edaf.net
edaf@edaf.net

Algaba Ediciones, S.A. de C.V.
Calle, 21, Poniente 3323, entre la 33 Sur y la 35 Sur, Colonia Belisario Domínguez
Puebla, 72180, México.
Tfno.: 52 22 22 11 13 87
edafmexicoclien@yahoo.com.mx

Edaf del Plata, S. A.
Chile, 2222
1227 - Buenos Aires, Argentina
edafdelplata@edaf.net

Edaf Antillas, Inc
Local 30, A 2, zona portuaria Puerto Nuevo
San Juan, PR-00920
Telf.: (787) 707-1792

Edaf Chile, S.A.
Coyancura, 2270, oficina 914, Providencia
Santiago - Chile
edafchile@edaf.net

3.ª edición, octubre 2014

Depósito legal: M-2708-2014
ISBN: 978-84-414-3387-8

PRINTED IN SPAIN   IMPRESO EN ESPAÑA

Impreso por Cofas, S. A.

A Ofelia, cada vez que me acuerdo de ti me vienen recuerdos hermosos, fue una etapa de mi vida preciosa.

A Josita, gracias por tu paciencia.

Índice

Introducción

— **M**amá, mamá, quiero esa muñeca —dijo la niña.

—Cariño pídesela al cielo. Si está en tu camino, el cielo te lo traerá, y, si no te lo trae, es que hay algo mejor para ti —contestó la madre.

Esto es lo que me contó una madre que le decía a su hija en muchas de las ocasiones en que la niña le pedía algún deseo.

Y esto en palabras de la técnica de ho'oponopono, se traduciría como:

«Confía, lo correcto y perfecto irá a tu vida».

Pero a veces nos cuesta confiar, queremos algo concreto y nos cuesta renunciar a ello, soltarlo. Salen a la luz los mil y un apegos que todos tenemos, pero, si somos capaces de desapegarnos, lo que nos llegará será mucho más de lo esperado.

> Cuando sueltas lo que deseas recibes más de lo que hubieras soñado.

Existe una actitud que abre muchas puertas, la actitud de rendirse con confianza a la sabiduría del Universo.

Te propongo dejar de luchar contra la marea de las inquietudes y las preocupaciones, y que aceptes la maravillosa verdad de que estás siendo guiado por una mano amorosa que sabe qué es lo mejor para tu crecimiento y tu felicidad.

El objetivo de este libro es que los niños aprendan ho'oponopono y lo practiquen. Y lo harán muy bien, porque no, un niño no va a preguntar: ¿cómo hago ho'oponopono para conseguir «esto» y lo «otro»...? Será suficiente con que le expliques que lo mejor para él llegará a su vida, como la madre del principio.

El niño no es como el adulto, no necesita controlarlo todo (y muchas veces a todos); el niño cree en la magia de la vida y si tú le haces ver que con las palabras mágicas de ho'oponopono se sentirá mejor, le ayudarán a resolver problemas y se abrirá a recibir regalos inesperados de la vida; el niño te creerá.

Son muchas las ocasiones en que en mis cursos de ho'oponopono me preguntan: «¿Se puede enseñar ho'oponopono a los niños?».

Siempre contesto: «Por supuesto, es maravilloso que los niños practiquen una herramienta tan potente como ho'oponopono».

Pero la respuesta se me quedaba corta y he querido darte una respuesta más amplia a través de este libro.

Ho'oponopono sigue sorprendiéndome día a día, tanto en los resultados que percibo en mi vida como en los testimonios que me llegan diariamente de personas que empezaron a practicar ho'oponopono y comenzaron a disfrutar de la luz y el amor en su realidad, libres del encarcelamiento del sufrimiento, con un corazón lleno de paz, de libertad y de gozo.

Todo empieza con la repetición de unas palabras, pero ho'oponopono es una filosofía de vida. Cuanto más practicas más elevas tu nivel de conciencia y más fácil es aplicar en tu existencia conceptos claves para tu felicidad; aceptación, desapego, confianza en la Divinidad...

Saber de verdad que eres 100 por cien responsable de todo lo que ocurre en tu realidad y que ese libre albedrío es el que te permite elegir momentos de luz y momentos de oscuridad, dueño de las luces y las sombras de tu película personal.

Gracias a este libro, sobre todo a través de los cuentos, podrás enseñar ho'oponopono a tus hijos, sobrinos, nietos... A cualquier niño que esté en tu realidad. También te daré pautas que te sean de ayuda en la educación de tus hijos y hablaremos de un niño muy importante, tu niño interior.

Si practicas ho'oponopono unido a la conexión con tu niño interior, créeme que te vas a convertir en otra persona, una persona sin penas, sintiendo la alegría y la libertad de la vida, sintiendo el gozo con cada aliento, de manera natural y sin esfuerzo...

Y si ahora tienes problemas, tranquilo, la vida sabe en qué momento han de llegar los exámenes, los retos, porque se dan las circunstancias precisas y tienes la fortaleza suficiente para afrontar dichos retos y salir victorioso.

Tu alma nunca te llevará a ninguna experiencia de la que no puedas salir airoso.

Nadie jamás nos castiga. Solo sufrimos, porque nos resistimos al libre flujo de la existencia y, en cuanto enfocamos las cosas con aceptación y valentía, el sufrimiento cesa y las respuestas llegan junto a un nuevo conjunto de posibilidades antes desconocidas, es esa magia de la vida que los niños conocen muy bien porque siguen conectados a ella.

> *Cuando Dios quita algo de tu mano, no te está castigando, simplemente vacía tu mano para darte algo mejor.*

Practica ho'oponopono y confía en tu propia Divinidad, verás qué ligero caminas y cómo atraes la buena suerte.

Que disfrutes practicando ho'oponopono, enseñándoselo a los niños que hay en tu vida y cuidando a ese maravilloso niño que vive dentro de ti.

MARÍA JOSÉ CABANILLAS

1

Ho'oponopono:
repasemos conceptos

Dios tiene un océano para dar. No vengas con una cucharilla de té.

ANÓNIMO

En mi anterior libro, *Ho'oponopono. Conéctate con los milagros,* trato extensamente qué es ho'oponopono, por qué funciona la técnica y cómo realizar la práctica de la forma adecuada.

El objetivo de este libro es otro, de modo que en este capítulo voy a hacer tan solo un resumen de los puntos principales de la técnica de ho'oponopono. Si no conoces ho'oponopono, te servirá para empezar a comprender esta maravillosa herramienta de resolución de problemas. Si ya conoces esta técnica ancestral, te servirá para reafirmarte en la necesidad de incorporar ho'oponopono en tu día a día, al fin y al cabo: ¿Quieres sentirte en paz y feliz? ¿Quieres tener prosperidad? ¿Quieres disfrutar de buena salud? ¿Quieres disfrutar de relaciones personales satisfactorias?

¿Sí, verdad? Es lo que te mereces, no te conformes con menos, y no hay mejor herramienta para conseguir todos tus sueños e incluso más de lo que puedas soñar que practicando ho'oponopono.

Ho'oponopono es una técnica ancestral de resolución de problemas de origen hawaiano.

Mornah Simeone nos trajo estas enseñanzas y las adaptó para los tiempos modernos, enseñanzas en las que me baso para transmitir ho'oponopono en mis cursos, y en las que me basé para escribir mi libro *Ho'oponopono. Conéctate con los milagros.*

A veces podemos encontrar información algo confusa sobre ho'oponopono, incluso se complica la práctica de forma innecesaria.

Practicar ho'oponopono es sencillo, consiste en repetir mentalmente una serie de palabras como si fueran un mantra, las cuatro series de palabras principales son: «Gracias», «Te amo», «Lo siento», «Por favor, perdóname». Más adelante daré pautas para la práctica, de momento veamos un resumen de por qué funciona ho'oponopono.

¿Repetir unas palabras como si fueran un mantra...?

Demasiado simple para que funcione.

A nuestro intelecto puede parecerle así, pero te aseguro que ho'oponopono funciona. A mí me cambió la vida en todos los ámbitos: emocional, físico, laboral y económico. Y constantemente me llegan testimonios de personas que empiezan a repetir las palabras de la técnica y en su vida comienzan a entrar sorpresas maravillosas e inesperadas, se resuelven situaciones conflictivas, se perciben cambios positivos en las personas que están en su realidad...

Comparto contigo alguno de los testimonios que amablemente me hacen llegar personas que practican ho'oponopono.

Un joven se encontraba en situación de desempleo desde hacía 2 años, empezó a practicar ho'oponopono, y a las dos semanas encontró trabajo, un trabajo excelente que nunca hubiera imaginado.

He de decir que testimonios parecidos, referentes a conseguir un puesto de trabajo me llegan con frecuencia.

Una mujer que sufría constantes jaquecas empezó a repetir las palabras de ho'oponopono y las jaquecas han desaparecido por completo.

Una joven con fibromialgia introdujo ho'oponopono en su vida, fue constante con la práctica y la fibromialgia ha desaparecido.

En relación con el aspecto económico también me llegan diversos testimonios positivos: dueños de negocios que empiezan a atraer más clientes y por tanto más beneficios a su empresa, la llegada de algún dinero inesperado, pisos que se consiguen vender, alquileres de locales, etc.

Hay una gran mejora también en las relaciones personales, mayor comunicación con la pareja, mayor armonía con los hijos, mejor ambiente laboral...

Y algo muy importante, un sentimiento común en todas las personas que repiten las palabras de ho'oponopono; sienten una mayor paz interna, incluso muchas personas dejan de necesitar pastillas para dormir, ansiolíticos e incluso antidepresivos.

Este es el mejor regalo, el bien más preciado, sentir paz interna, alegría y ganas de vivir.

El dulce néctar de la paz interna, solo desde este sentimiento mágico vendrá la felicidad y ho'oponopono te da esa paz.

La paz y la felicidad existen y tú te mereces vivir en compañía de esos sentimientos maravillosos; no has venido a esta vida para sufrir, conquista la paz interna con ho'oponopono.

¿Pero por qué recibimos tantas bendiciones al repetir mentalmente unas palabras?

Veamos los conceptos más importantes integrados en ho'oponopono para que entiendas qué sucede cada vez que repites «Gracias», «Te amo», «Llovizna», «Hielo azul» o cualquiera de las palabras de esta técnica ancestral.

Borras programación negativa de tu mente subconsciente

Tú lo atraes todo a tu vida, creas tu realidad, eres 100 por cien responsable de todo lo que sucede en tu vida, lo que te gusta y lo que no te gusta, tú y solo tú lo has creado, la conciencia humana es creadora y capaz de transformar la materia.

Pero esta creación sucede de forma inconsciente, nuestra mente está formada por dos partes: tu mente consciente y tu mente subconsciente. Tu mente consciente procesa solo el 5 por ciento de la información, tu mente subconsciente el 95 por ciento de la información, atraes todo a tu vida con tu mente, pero no con tu mente consciente, lo haces a través del subconsciente.

Tu subconsciente procesa unos 60.000 pensamientos diarios, a través de tus pensamientos, muchos de ellos inconscientes, creas tu realidad, pero hay otros conceptos claves a la hora de crear tu realidad, *tus creencias y tus memorias*.

En relación con tus creencias *lo que crees creas*. ¿Crees que la vida es maravillosa? Así será para ti. ¿Crees que la vida es dura? Así será para ti. Atraerás a las personas y las circunstancias que reafirmarán esas creencias, en un caso vivirás una vida fabulosa, en el otro caso atraerás todo tipo de situaciones negativas a tu realidad. Tú eres el rey de tu Universo y tú pones las normas; tus creencias están creando tu realidad.

Durante los siete primeros años de nuestra vida es cuando captamos nuestras creencias, algunas positivas, muchas limitantes. La mayor parte de ellas vienen de nuestros padres, de los profesores y de figuras de autoridad y casi nunca las hemos cuestionado.

Pero no somos conscientes de todas las creencias que tenemos a nivel subconsciente, como tampoco somos conscientes de nuestras memorias dolorosas.

Cuando hablo de memorias, me refiero a que en la memoria de nuestras células está escrito el programa completo de nuestra existencia, pero esta infoenergía incluye la información física, mental, espiritual y emocional no solo de nuestra experiencia de vida, además muchas de nuestras memorias tienen que ver con nuestros ancestros, igual que heredamos el color de pelo, ojos, altura, podemos heredar creencias limitantes, traumas....

Muchas de nuestras memorias están relacionadas con nuestros antepasados, y muchas de esas memorias son dolorosas, así como muchas de nuestras creencias son limitantes. Por tanto, con toda esta programación negativa es complicado crear una realidad feliz, pero no hay razón para preocuparse, porque cada vez que practicas ho'oponopono estás borrando programación negativa de tu mente subconsciente.

Poco a poco irás eliminando «basura» de tu subconsciente y, como es dentro, es fuera. Tú cambias por dentro, tu realidad también cambia, porque toda esa programación negativa se refleja en el exterior. Cuando haya orden, armonía, belleza y paz en tu interior, eso se reflejará en las nuevas circunstancias mucho más positivas que empezarás a atraer, en tu forma de pensar, sentir, hablar, en las personas que entrarán en tu realidad.

No te quedes sentado esperando a que cambie tu vida, entra en acción y haz algo al respecto. Puedes empezar ahora mismo actuando sobre tu propio estado interno; puedes experimentar tu propio cambio sin necesidad de retrasarlo más así que; practica ho'oponopono.

Si hay obstáculos, se encuentran en tu interior; por tanto, tú eres quien puede hacer algo respecto a ellos.

> *Somos los escritores, los directores, los productores y los actores de nuestras vidas, y creamos cada aspecto de nuestra experiencia única e individual, pero puedes modificar el tipo de película y transformar el drama en comedia, así que dejemos el victimismo y asumamos el poder.*

Dar permiso a la Divinidad

No es necesario saber qué se borra de ti, qué creencia limitante o memoria dolorosa estás eliminando, la parte perfecta que hay en ti ya sabe qué es aquello de lo que necesitas desprenderte. Lo importante es que al practicar ho'oponopono dejas ir programación negativa que está entorpeciendo tu camino, te vas limpiando», vas sanando tu punto de atracción, tus problemas se solucionan y tu vida mejora.

Cada vez que practicas ho'oponopono estás dando permiso a la Divinidad para que te ayude, te asista, te proteja.

Cuando hablo de Divinidad, me refiero a esa energía inteligente que lo ha creado todo, no me refiero a ningún Dios concreto.

Haré aquí un breve apunte muy importante para tu crecimiento personal; *¿Qué es Dios para ti? ¿Te has hecho esta pregunta alguna vez?*

Dios Es Amor, Dios Es Justicia, Dios Es Poder.

De esto puedes estar totalmente seguro.

Pero las manipulaciones del hombre a lo largo del tiempo nos llevaron a crear un Dios de emociones humanas. Un Dios de indescriptible IRA. Un Dios de VENGANZA. Un Dios de

MUERTE. Un Dios INJUSTO. Un Dios SIN AMOR. Un Dios SIN PODER.

Hemos creado de Dios un Padre Terrenal, si haces lo que te dice, te da un premio. Si no haces lo que te dice, te castiga al fuego eterno. Y TÚ LO ACEPTASTE.

> *Lo que sea Dios para ti, eso vivirás.*

He escuchado a personas que al hacerles la pregunta «¿Qué es Dios para ti?», responden:

«Sí, Dios es Amor».

Pero después dicen:

«Qué injusta es la vida, a unos tanto y a otros tan poco…».
(O alguna frase similar)
¿Pero no era Dios Amor?
¿Qué clase de Dios es ese que a unos les da mucho y a otros poco?

Si crees cosas del tipo que Dios te da poco, la vida es injusta, Dios te castiga si «Te portas mal»… Eso vivirás.

Tú lo creas todo, pues se te ha dado libre albedrío, atraes tus bendiciones y tu infortunio; Dios es Amor y nunca te juzga, eres tú quien se juzga continuamente, y te sientes pecador y culpable.

Es tu sentir creyendo en un Dios castigador, es tu sentimiento de culpa, por lo que atraes el castigo. Lo que *crees creas,* pero Dios no te juzga ni castiga jamás.

Entonces has de llegar a preguntarte: ¿Son ciertas las cosas que me contaron o enseñaron de Dios?

Con esta simple pregunta ya estás cambiando Tu Perspectiva de Dios. Estás poniendo en duda las cosas que te contaron o enseñaron de Dios. Esto es un comienzo. Y a medida que vayas cambiando estas creencias negativas que tienes de Dios otras más positivas irán llegando.

Recuerda:

> *Para Dios todos somos uno. A todos bendice e ilumina por igual.*

La única ley de Dios es tu libre albedrío, este es el verdadero regalo de amor que Dios te ha dado, pero puedes ceder parte de ese libre albedrío para cocrear con la Divinidad, ho'oponopono es una petición a la Divinidad para que te ayude, esa energía divina sabe lo que es adecuado para ti, sabe cómo resolver tus conflictos, porque entiende de dónde viene, dónde se crearon, pero Dios, Universo o como quieras llamarlo, no puede hacer nada si no le das permiso, y cada vez que repites cualquiera de las palabras de ho'oponopono permites a la Divinidad que te guíe, que te dé la solución adecuada a tus problemas, que te dé lo correcto y perfecto para ti.

Se trata de conectarte con el campo de infinitas posibilidades, tienes un problema y solo ves una, dos soluciones… Hay infinitas soluciones para tu problema, infinitos puestos de trabajo perfectos para ti, infinitas parejas idóneas para ti… Conéctate con el infinito abanico de posibilidades que se abren ante ti. Déjate sorprender.

Podemos cocrear con la Divinidad, decidir rendirnos a esa sabiduría infinita y dejar de intentar controlarlo todo con la mente, fluir sin condiciones en comunión con el Ser, que es el manantial del Amor.

Aquietas la Mente

La razón por la que se siente esa paz interna al practicar ho'oponopono es porque cada vez que repites cualquiera de las palabras de la técnica estás «parando» tu mente, estás acallando esa voz que habla sin cesar; el ego:

«¿Qué vas a hacer ahora?», «De esta no sales», «Te vas a arruinar».

¿Te resulta familiar este tipo de diálogo mental?

Para la mente-ego solo existen gustos o aversiones. Obsérvate y verás que para ti las cosas nunca están bien, siempre hay un «Debiera hacerse de otra manera» o «Si hubiera...». La mente te condiciona en todo lo referente a ti y a los demás, pero nunca lo observamos haciéndonos esclavos de nuestra mente.

Sogyal Rinpoche decía en *El libro tibetano del vivir y morir*: «Dos personas han estado viviendo en ti durante toda tu existencia. Una es el ego: charlatana, exigente, histérica, calculadora; la otra es el ser espiritual oculto, cuya queda y sabia voz has oído y atendido solo en raras ocasiones.»

> *La base del Ego alterado o falso Yo es el miedo, el temor, y basa todo en la imagen. Todo lo basa en la ilusión, no en la verdad.*
>
> *Tú eres mucho más que un ego, eres un alma encarnada en un cuerpo físico. Somos un Ser en tres dimensiones: Alma, Mente y Cuerpo.*

A medida que vamos desarrollando nuestra conciencia empezamos a saber quiénes somos realmente y *nos liberamos de las falsas creencias acumuladas por el ego y que tanto limitan nuestra existencia.*

Practica ho'oponopono y aquieta la mente, empieza a vivir desde el Ser y no desde el Ego.

Siempre que tu falso yo (ego) intente controlarte, haz ho'oponopono, no le des ni un pensamiento más a esa preocupación; de lo contrario, al final llegará a materializarse en tu realidad.

Cuanto más te preocupas por algo más fuerza le estás dando para que eso que NO quieres entre en tu vida. Cuando huimos de algo evitando su presencia, lo atraemos sin remedio a nuestra realidad.

Atrae el pensamiento unido a la emoción y en la preocupación hay ansiedad, miedo… desde esa baja vibración atraerás más problemas.

No te dejes controlar por tu ego, decide de una vez no pasar más por esas trampas del ego como si fueras su esclavo, sé capaz de vivir en el presente.

La felicidad solo se puede encontrar en los momentos, en cada instante; además, la vida siempre tiene derecho a sorprendernos, así que aprende a vivir el presente sin aferrarte a los traumas del pasado ni las expectativas del futuro. Recuerda que la felicidad no es una meta, sino un trayecto, la felicidad es el único poder, nunca llega el «luego», el amor, la plenitud. La felicidad es ahora. Aprende a vivir en el presente, porque ninguna culpa puede cambiar el pasado y ninguna preocupación puede mejorar tu futuro.

Disfruta de cada momento, vive cada instante plenamente; la felicidad es el estado natural del ser humano, aunque a veces nos olvidemos de ello.

Quien es feliz, quien ama, quien extiende su luz allá donde va, lo hace en cada momento y no puede dejar de hacerlo.

Elevas tu vibración

Cada vez que repites las palabras de ho'oponopono invocas una *energía mana* que eleva tu vibración. Esta energía universal energiza cada célula de tu cuerpo, y llega a cada parte de tu ser incluyendo mente y espíritu.

Según los antiguos hawaianos, la cantidad de *energía mana* que tengamos a nuestra disposición determinará nuestro éxito en la vida a todos los niveles, quien apela a la energía mana nada puede temer, porque no hay lugar para la carencia, la enfermedad… donde haya una gran cantidad de esta energía de alta vibración.

Solo hay dos emociones básicas: el amor y el temor. El resto de emociones son derivadas o del amor o del temor.

AMOR: Alegría, paz interna, aceptación, etc.
TEMOR: Resentimiento, odio, tristeza, etc.

Si la mayor parte del tiempo nos sentimos en la vibración del Amor y sus emociones derivadas, atraeremos a nuestra vida; cosas, personas, circunstancias de alta vibración, nuestra vida, por tanto, será muy satisfactoria.

El Universo es un espejo y lo que emitimos a nivel vibratorio nos es devuelto.

Si la mayor parte del tiempo nos sentimos en la vibración del miedo y sus emociones derivadas, atraeremos a nuestra vida: cosas, personas, circunstancias, en sintonía con nuestra baja vibración y nuestra vida no nos va a satisfacer demasiado.

El amor y el temor, ambos mundos ni se tocan, los intereses del miedo están tan alejados del amor que quien se siente aterrorizado no es capaz de percibir el camino hacia la libertad. El amor, por su parte, no se fija en los culebrones que vienen del miedo y pasa de largo, el amor solo ve la belleza, la alegría el perdón y la bondad.

Ho'oponopono a través de esa energía mana eleva tu vibración y te pone en la vibración del amor: ¿Cómo no vas a atraer maravillas a tu vida?

Cero expectativas

En Ho'oponopono se dice que la única petición ha de ser «Lo correcto y perfecto vendrá a mi vida» y no pedir nada concreto, y así es:

«En el proceso de limpieza cero expectativas».

Ho'oponopono es dar permiso a la Divinidad para que te ayude y te dé lo que es correcto para ti, es abrirte al campo de infinitas posibilidades, y siempre recibes más de lo que esperas, porque nuestra mente consciente solo procesa el 5 por ciento de la información, no ve todas las posibilidades, el Universo sí, DÉJATE SORPRENDER.

Pero esto no quiere decir que no podamos decidir encaminarnos hacia una dirección que nos apasione, en lo laboral, personal... De hecho, muchas personas, cuando empiezan a practicar ho'oponopono, se dan cuenta de que quieren emprender un nuevo camino, se descubren talentos, nuevas inquietudes... y deciden dar un nuevo giro a su vida, comienzan un nuevo rumbo que los hace más felices, con ganas y positividad, pero desapegándose de un resultado concreto en un tiempo específico, van fluyendo con la vida.

Y esa es la clave, fluir con la vida, la ley del desapego es una de las leyes incluida en la técnica de ho'oponopono. Ten metas y objetivos; es natural que tengas deseos y está bien. De lo que has de liberarte es de las obsesiones, porque son la causa del sufrimiento.

Comienza el camino que de verdad quieras emprender, sé valiente y hazlo, sigue la llamada de tu alma, pero «borra» en el camino y ábrete a los milagros.

Crees que sabes cuál es la solución al problema, qué persona es la adecuada para ser tu pareja, cuál es el mejor trabajo para ti...; ¿y si hay algo mejor que te espera?

Apegarse en exceso a un resultado concreto es mostrar que no confías en el Universo, déjalo en sus manos, Él sabe mejor.

Hay una inteligencia universal que sabe qué es lo más adecuado para ti, y será más de lo que esperas, porque el ser humano, cuando pide algo, lo hace desde el conformismo, la conciencia de no merecimiento y la escasez, así que no pedir ningún resultado concreto con la práctica de ho'oponopono es positivo, porque, en realidad, las sorpresas serán mayores que si te enfocas en un resultado específico.

Nos hemos olvidado de quiénes somos, el poder que tenemos y de pedir a lo grande. Permítete viajar en el río de la vida, porque todos los ríos llevan al mismo océano de abundancia.

Tampoco hay tiempos en ho'oponopono. Cuando practicas ho'oponopono, *el problema se para, ya no va a más y la solución está en camino,* pero la solución vendrá al tiempo de Dios no al nuestro, paciencia. Mi experiencia es que, si practicas de la forma adecuada, no tardarás en ver resultados internos y externos.

A nivel interno suelen notarse los cambios en muy poco tiempo, mayor alegría, mayor paz interna...

Puede ocurrir que al empezar con la práctica de ho'oponopono, sientas cierta incomodidad, dolores de cabeza, tristeza, rabia… Si te sucede esto, sigue «limpiando», es la crisis de sanación. Cuando estás sanando a nivel inconsciente, puedes soltar programación negativa a través del dolor emocional, la tristeza, la inquietud… Sigue practicando ho'oponopono y pasará; finalmente, todo se pondrá en su sitio y será para tu bien.

A nivel externo siempre que se practica ho'oponopono habrá cambios positivos, pero recuerda:

El Universo te da lo que te mereces; ni un minuto antes ni un minuto después.

Hay personas que en una semana ya han resuelto un problema, otras personas pueden tardar un mes en ver resultados, dos meses… Cada persona es diferente y, como se dice en ho'oponopono, hay memorias que necesitan muchos «Gracias», ver los resultados en el exterior en cada persona puede suponer un tiempo diferente.

Confía en la Divinidad, en su infinita sabiduría y poder.

Cambios en las personas que están en tu realidad

Es importante que sepas que al practicar esta técnica ancestral hawaiana también se perciben cambios positivos en las personas que están en tu realidad.

Recuerdo una madre que se sentía muy preocupada por el estado anímico de su hija de 8 años, que se encontraba continuamente enfadada, llena de rabia y encerrada en sí misma. La madre comenzó a practicar ho'oponopono sin ninguna expectativa respecto a su hija, pero el estado anímico de su hija cambió completamente, volviendo a ser una niña comunicativa, tranquila y alegre.

Casos parecidos a este son frecuentes. Recuerda que hemos hablado de memorias ancestrales, algunas positivas y otras dolorosas. Con todas las personas que están en nuestra realidad compartimos memorias, con las personas que compartimos vínculos familiares compartimos «troncos de memorias» y lo que se «borra» de ti se «borra» de los demás, entonces percibes cambios en las personas que están en tu vida, pero no son ellas las que cambian, *tú cambias*.

Si quieres ayudar a tu entorno, trabaja en ti mismo y ya estarás activando ese efecto dominó en todos las personas que están en tu realidad.

En la medida que nuestra luz brilla, inconscientemente le damos permiso a otras personas para hacer lo mismo, pero recuerda que no decides tú lo que les ha de suceder o no a los demás.

No quieras cambiar a nadie y deja a cada persona vivir las experiencias que desee, porque no son más que experiencias a las que su alma le ha llevado para su propio crecimiento.

La práctica de Ho'oponopono

La práctica de ho'oponopono es muy sencilla, tan solo se trata de repetir una serie de palabras como si fueran un mantra:

«Gracias», «Te amo», «Lo siento» y «Por favor, perdóname» son las cuatro expresiones o frases principales de ho'oponopono. Pero además hay otras como:

«Llovizna», «Hielo Azul», «Fuente perfecta», «Papel para moscas», «Gotas de rocío», «Llave de la luz», «Yo soy el yo», «La paz del yo...»

Estas son algunas de las palabras y expresiones que hay que repetir y también en ho'oponopono hay herramientas como el agua solar, maíz morado, vaso de agua, lápiz de borrar, etc.

Ho'oponopono, si se practica de la forma correcta, funciona SIEMPRE. Vamos a ver cuáles son las claves a la hora de practicar ho'oponopono.

Solo has de repetir mentalmente cualquier palabra o palabras incluidas en esta herramienta ancestral de resolución de problemas; la palabra o palabras que más te gusten, que mejor te hagan sentir; una, dos, tres palabras, como tú quieras.

No tienes que visualizar nada; por ejemplo, visualizar un problema que te preocupa o mucho menos la solución que esperas como resolución de esa situación conflictiva. No visualices nada, no compliques la técnica de forma innecesaria.

Tampoco has de forzar ninguna emoción positiva al practicar ho'oponopono, habrá momentos que repetirás y no sentirás ninguna emoción, funciona exactamente igual. En otros momentos, al repetir la palabra o palabras, sentirás bienestar, amor. Si es así, recoge esa emoción positiva y disfrútala, pero no la fuerces conscientemente.

Es importante practicar todo lo que puedas durante el día, no es necesario estar doce horas diarias, pero sí hacer la práctica con regularidad, quizá un día practiques tres horas, otro día seis, otro cinco… Lo importante es adquirir el hábito de practicar todos los días.

Cualquier momento es bueno para repetir mentalmente las palabras de ho'oponopono, puedes ir caminando y repites mentalmente la palabra o palabras que elijas; en el metro, el autobús, en casa… cuanto más practiques más memorias dolorosas borrarás, más cambiarás tu punto de atracción y por tanto, más cambios positivos verás en tu vida.

Lo que no servirá de mucho es practicar 10 minutos al día y el resto del día estar preocupándote por tus problemas y dándoles aún más fuerza para que entren en tu realidad. Es necesario aquietar la mente, muchos de nuestros pensamientos son negativos y no solo nos hacen sufrir, además; eso que temes, no lo dudes, se materializará en tu realidad.

La práctica de ho'oponopono es muy sencilla y, si repites con constancia, llegará un momento que lo harás de forma automática, saldrá solo, sin esfuerzo, será un hábito para ti, el mejor hábito que puedes adquirir.

Ho'oponopono es la llave para conectarte con la paz mental, la alegría, la armonía y cosas que ahora ni puedes imaginar entrarán en tu vida. Personalmente diré que cada día me siento más impresionada de cómo atraigo milagros constantemente a mi vida. No lo puedo entender desde la lógica, sé que es por esa conexión con la Divinidad, por esa apertura al campo de infinitas posibilidades y por mi sanación a nivel subconsciente, que es mi punto de atracción, simplemente mágico.

Uno de los grandes errores al practicar ho'oponopono son las expectativas de un resultado específico y en un tiempo determinado.

El objetivo de ho'oponopono NO es que te llegue un trabajo específico, el dinero que tú quieres, la pareja que tú quieres. ¡¡¡¡Dios no es tu sirviente!!!

Creemos saber qué es lo mejor para nosotros, cómo y cuándo deben suceder las cosas. Pero no sabemos nada, nuestra mente lógica solo ve limitadas soluciones a un problema. Y ¡hay infinitas! Ábrete a la magia de la vida.

> *Si tienes un problema, no dudes que si practicas ho'oponopono, la solución al problema llegará, pero en el momento oportuno y de la forma mejor para ti.*

Confía en que algo pasará, porque así será. Pero no te obsesiones con un resultado específico; no visualices nada, no servirá, solo «borra», Dios sabe cuál es el problema y su solución.

La limpieza debe ser hecha y no tener expectativas, solo la Divinidad sabe qué es lo correcto y perfecto para ti, la energía divina siempre responderá de la mejor manera posible para cubrir lo que en cada momento necesites.

Quizá las soluciones no llegan como las esperabas, o en un tiempo determinado, pero siempre llegan. Por ello es muy importante hacer la limpieza, soltar y confiar que algo se está borrando, aun cuando no nos demos cuenta.

Nada que sea negativo para ti puede llegar a tu vida practicando ho'oponopono, así que ríndete al Universo y conéctate con Él.

Practica ho'oponopono con la única expectativa de sentir paz interna. No hay mayor objetivo vital que el simple hecho de vivir feliz con el corazón en paz y un sentimiento amoroso hacia toda la existencia, desde ese sentimiento lo demás llega.

2

¿Por qué enseñarle Ho'oponopono a los niños?

*La infancia tiene sus propias maneras de ver,
pensar y sentir; nada hay más insensato que preten-
der sustituirlas por las nuestras.*

JEAN-JACQUES ROUSSEAU

Los niños son maravillosos, inocencia pura. Los niños no tienen pasado ni futuro, por eso gozan del presente; de niños estamos conectados con nuestro corazón, sentimos la alegría, y mostramos afecto, cariño, ternura y amabilidad de forma natural.

Pero también el estrés, el miedo, la ansiedad... son emociones que los niños sienten. Habitualmente asociamos estas emociones al mundo de los adultos, y nos olvidamos de que los niños, en su ámbito y en su día a día, también se enfrentan a situaciones que les pueden resultar estresantes, provocar ansiedad e incluso miedo, emociones que no saben manejar.

Los niños son el futuro, desde pequeños los educamos, los escolarizamos y estamos pendientes de su crecimiento y su comportamiento para que el día de mañana sean el relevo de los adultos de hoy.

En estos momentos de cambio a nivel de conciencia están viniendo niños muy especiales a la Tierra, hemos oído hablar; por ejemplo, de los niños índigo, cristal...

Es muy interesante la aportación del antropólogo e investigador John White, miembro de la Asociación Antropológica Americana, que afirma que:

> *«Se está perfilando una nueva humanidad que se caracteriza por una psicología ya modificada, basada en la expresión del sentimiento y no en su represión. Esto se traduce en: una motivación solidaria y amorosa, no competitiva y agresiva y capacidades psíquicas utilizadas con propósitos benevolentes y éticos, no dañinos ni inmorales.*
>
> *El futuro destino de la raza humana será creado por la estructura caracterial de los niños del futuro. En sus manos y corazones estará esta gran decisión. Tendrán que limpiar el caos del siglo XX».*

Hemos de enseñar recursos a los niños para poder crecer de forma sana y que se conviertan en adultos felices y con sanos valores.

Veamos por qué ho'oponopono va a ayudar a los niños en su desarrollo.

Sanando el punto de atracción

Como ya hemos dicho en el anterior capítulo, el 90 por ciento de las creencias las captamos durante la infancia; es decir, a los 7 años el carácter de un niño ya está formado y ya tiene muchas creencias, muchas de ellas limitantes, que en su vida adulta van a entorpecer su camino. De adultos seguimos teniendo esas creencias formadas cuando nos sentíamos limitados como niños, podemos tener creencias limitantes respecto a nosotros y del mundo que nos rodea.

Recordemos también las memorias ancestrales heredadas de antepasados. El niño ya viene con esas memorias, algunas positivas, otras dolorosas y cuanto antes elimine esa programación negativa mucho mejor, pues se ahorrará el atraer muchos problemas a su realidad.

Recuerda que cada vez que repetimos «Gracias», «Te amo» o cualquiera de las expresiones y palabras de la técnica de ho'oponopono, estamos eliminando programación negativa de nuestra mente subconsciente y mejorando nuestro punto de atracción, cuanto antes comience el niño con este trabajo de autosanación, de limpieza, mayores serán los beneficios derivados que se percibirán en su realidad externa.

Fluyendo con la vida y viviendo el presente

Los niños son creyentes por naturaleza, creen en la magia de la vida y no les va a resultar difícil creer en ho'oponopono, practicar las «palabras mágicas», pero desapegándose, sin esperar nada concreto, sin expectativas, que es la clave para que la Divinidad nos dé todas las bendiciones que merecemos.

¿Recuerdas cuando eras un niño y mirabas la vida con maravilla y admiración?

La vida era mágica y excitante, y las pequeñas cosas eran totalmente emocionantes. Te fascinaba la escarcha sobre la hierba, una mariposa en el aire, o cualquier hoja o roca con forma extraña.

Estabas lleno de emoción cuando perdías un diente, porque significaba que el Ratoncito Pérez vendría esa noche. Y esperabas impaciente que llegase la Navidad. Aunque no tenías ni idea de cómo Papá Noel o los Reyes Magos podían visitar a todos los niños del mundo en una noche; de alguna forma lo hacía y no te defraudaba. Los sueños se volvían realidad, tu imaginación sabía que no había límites, y creías que la vida era mágica.

Hay un sentimiento exquisito que teníamos cuando éramos niños; que existía la magia, que cada día prometía más emoción y aventura, y que nada podía impedir nuestra felicidad. Pero de alguna manera, mientras crecimos como adultos, las responsabilidades, problemas y dificultades hicieron mella en nosotros. Nos desilusionamos y la magia en la que alguna vez creímos como niños se desvaneció, pero no desapareció realmente, esa magia sigue ahí… dormida, se trata de despertarla, y para ello, como veremos más adelante, se trata de despertar al niño interior que llevamos dentro, de devolverle la luz que le hemos negado durante años.

Los niños, desde un comienzo, nos enseñan a esperar lo inesperado, sobre todo cuando se trata de planear la vida. El secreto es ser flexibles con nuestros planes. Cuanto antes aprendamos a ser flexibles y a tener en cuenta todas las circunstancias que pueden cambiar, nos sabremos tomar la vida mejor. Por eso es muy importante fluir con la vida, desapegarse. Esa es la clave para que ho'oponopono introduzca milagros en tu vida, y los niños se desapegan de forma natural, para lo niños existe solo el hoy.

Los niños hasta los 7 años viven presentes, ya que están más conectados con el hemisferio derecho, el hemisferio derecho representa el aquí y ahora, el hemisferio izquierdo, por el contrario, es esa parte de nuestra mente que nos lleva al pasado para sufrir por lo que pasó, o se traslada al futuro para preocuparse por lo que pueda pasar.

Además, el hemisferio izquierdo de nuestro cerebro centraliza, por ejemplo, la parte verbal y las deducciones. Pero la capacidad de relacionarse, de captar la belleza o de tener empatía está en el hemisferio derecho. El problema es que como normalmente hemos anulado el hemisferio derecho hemos perdido la capacidad de sentir. No nos han enseñado a desarrollarlo, estamos viviendo la mayor parte del tiempo desde nuestro hemisferio izquierdo que solamente está preparado para ver casualidades» y solamente cree en lo que puede medir y describir. Por tanto, no puede valorar la belleza ni el amor que no son medibles, ni percibir las causalidades, ni esperar los milagros que en realidad ocurren a diario.

Tenemos un hemisferio derecho que hemos mantenido acallado y dormido, ya es hora de despertarlo.

Cada vez que repites cualquiera de las palabras de la técnica de ho'oponopono te conectas con el hemisferio derecho, y esto es un regalo maravilloso para los niños, que se siga manteniendo esa conexión con el hemisferio derecho, con el sentir, el vivenciar, con el ser feliz ahora y no mañana, esa conexión con su Ser, con la paz y la alegría.

Del ego al Ser

Otra cuenta pendiente de ser humano es saber manejar el ego y no sentirse totalmente controlado por ese falso Yo y por tanto sufrir.

No nacemos con ego, solo es preciso sostener en brazos a un bebé y mirarle a los ojos para darse cuenta de que es pura esencia.

¿Pero, cuándo empieza a aparecer el ego?

En el momento en el que aparece el lenguaje y el niño ya habla y comprende. El niño ya comienza a recibir comentarios sobre cómo es, lo que se espera de él, las distintas etiquetas: «Qué niño tan bueno», «Eres un desastre», «Es un niño muy tímido» y así, poco a poco, el niño va grabando en su mente características de su personalidad (ego) y se va comportando según lo que se va esperando de él, con lo que poco a poco va dejando de escuchar su auténtica esencia (su Ser).

Es muy importante saber manejar el ego, que esa vocecita interna no controle nuestra vida, y los niños alrededor de los 7 años comienzan a oír «esa voz», ho'oponopono les va a ayudar a saber parar la mente y no darle tanto protagonismo al ego.

Hazle saber al niño que cuando se sienta preocupado si repite las «palabras mágicas» se va a sentir mejor.

Practicar ho'oponopono es pasar del *ego* al *ser*, seguir conectado con quien realmente eres, con tus talentos innatos y con lo que has venido a hacer a este plano, que el niño no pierda su esencia y no lo hará si practica ho'oponopono.

Manejando las emociones negativas

Los niños tienen miedos y emociones negativas que no saben cómo manejar y reprimirlas no es el camino, esa energía negativa queda retenida y, tarde o temprano, hay que sanarla.

Por eso los niños tienen en ho'oponopono una herramienta mágica.

Muchos niños se asustan de lo que no conocen y solo se sienten seguros con papá y mamá. El apoyo, proximidad y consuelo de sus padres son las mejores herramientas para que superen sus miedos pero también van a tener en ho'oponopono un aliado cuando sientan esas emociones negativas.

Suele decirse que cuando de verdad aparecen los miedos infantiles es a partir de los dos años, porque a esta edad cobran protagonismo la fantasía y la imaginación de los pequeños.

Pero eso no quiere decir que los niños no tengan miedo antes, con un año la mayoría de sus temores tienen que ver con el miedo a que les abandonen, por eso hay que intentar que se sientan seguros.

En ho'oponopono no hay lucha ni combate, hay aceptación, si la emoción del miedo te acompaña no has de reprimirla, dile; «Gracias» «Te amo» o cualquiera de las palabras de la técnica, los miedos, la ansiedad, cualquier emoción negativa son memorias también y al aplicar cualquiera de las herramientas de ho'oponopono estás limpiando y dando permiso a la Divinidad para que borre y transmute esa memoria expresada en emoción de miedo, tristeza, rabia, etc.

Acepta las emociones negativas, no luches contra ellas. La mayor parte de la gente ha aprendido, equivocadamente, que lo importante es sentirse siempre bien.

Esta idea nos lleva a tratar de evitar, a toda costa, lo que llamamos *emociones negativas*.

¿Cómo?

Negándolas, «anestesiándonos» con alcohol, drogas o medicamentos.

> *La depresión, el dolor y el miedo son regalos que nos señalan que algo hay que cambiar, nos hacen examinar qué nos preocupa tanto, de qué tipos de pensamientos estamos llenando nuestra mente.*

Cuando sientas sufrimiento, no caigas en el error de pensar que hay algo que falla en ti.

Al ego le encanta que nos convirtamos en un problema, el conocimiento tiene que ir seguido por la aceptación, cualquier otra cosa volverá a oscurecerlo, aceptar significa que te permites sentir lo que estás sintiendo en este momento.

Y al niño hay que enseñarle que está bien sentir lo que siente, además de transmitirle que practique ho'oponopono cada vez que le invada el miedo, la tristeza, la ansiedad... Pero entendiendo que en ho'oponopono se hace desde la aceptación de la emoción negativa, no desde la evasión.

Adquiriendo un hábito positivo

Y algo importante de por qué enseñar ho'oponopono a los niños es que lo que se aprende de niños es más difícil de olvidar.

La infancia es un período de nuestra vida que marca nuestro desarrollo personal y vital y los hábitos que adquirimos en los primeros momentos de nuestra vida nos acompañan durante mucho tiempo.

Hemos visto varias razones por las que practicar ho'oponopono es bueno para los niños, y no olvides que para los niños sus padres son sus dioses, te creerá si le explicas el bien que le hará repetir las palabras de ho'oponopono y le enseñas a practicar, y sobre todo si te ve practicar a ti, ya que los niños aprenden por imitación. Al fin y al cabo los niños son el reflejo de sus padres.

Es necesario ofrecer un tipo de educación desde el amor y el respeto hacia el niño, donde el adulto se convierte en un acompañante del niño, proporcionándole todos los estímulos que necesite para desarrollarse y haciendo una escucha emocional de sus necesidades.

Los niños tienen la sabiduría interior de su Ser y saben en cada momento lo que necesitan. Muéstrale al niño una herramienta que le ayudará y mucho en su vida, veamos cómo enseñar ho'oponopono a los niños.

3

¿Cómo enseñar ho'oponopono a los niños?

La vida en sí es el más maravilloso
cuento de hadas.
HANS CHRISTIAN ANDERSEN

El poder de los cuentos

La idea de este libro es dar a conocer ho'oponopono a los niños y que lo practiquen a su modo, como un juego, por algo son niños. La herramienta que desde mi punto de vista va a resultar más efectiva para ello es la lectura de cuentos.

Los cuentos han sido siempre un instrumento muy poderoso para transmitir valores a los niños. En este caso son cuentos indicados para niños entre 4 y 10 años, a partir de los 7 años comienza el razonamiento deductivo en los niños y van a comprender muy bien los cuentos.

Los niños escuchan el cuento con atención totalmente absortos, identificándose con los personajes y proyectando todo su mundo, sentimientos, pensamientos, miedos...

Es importante, acabada la lectura del cuento, dedicar unos momentos a analizar con el niño el mensaje de dicho cuento, las actitudes de los personajes ante un conflicto, cómo solucionar problemas, enseñarles a enjuiciar lo que está bien y lo que está mal... En este caso lo más importante es que el niño se sienta atraído por las palabras de ho'oponopono y entienda que pueden serle de utilidad en su vida, igual que lo son para los protagonistas de estos cuatro cuentos. Que así sea.

La princesa de los pies de pegamento

Había una vez una princesa a la que todos llamaban la Princesa Rebelde. No era la princesa rubia y de ojos azules que te puedes estar imaginando, era una princesa morena con los ojos grandes, negros y vivarachos, tan blanca como la nieve, guapa como la luz del día y con una larga melena negra que siempre llevaba peinada en dos cómodas trenzas.

Tampoco le gustaban los vestidos de princesa. Le gustaba vestir con pantalones y más de un día iba sucia y polvorienta, lo cual le resultaba indiferente, ya que su pasatiempo preferido había sido siempre saltar por campos y praderas, subirse a los árboles y atrapar mariposas y lagartijas.

La princesa rebelde no quería casarse con ningún príncipe azul, quería ser libre y pasarse la vida en el bosque recogiendo frutos silvestres y rodeada de sus amigos los animales; le encantaba pasar la noche en el bosque hasta que el amanecer la despertara.

En el reino de la Princesa Rebelde los árboles daban ricos pasteles en vez de frutas y había unos pasadizos mágicos donde te introducías y salías disfrazado de lo que quisieras; de hada, de bruja, de marciano, de pirata...

También había águilas amables y muy grandes que te transportaban volando, de día o de noche, donde fuera tu deseo.

Los pájaros eran cantarines y cantaban las más bellas canciones.

El reino de la Princesa Rebelde era un lugar hermoso, con mucha vegetación, lleno de simpáticos animalillos y con una paz que se respiraba en el ambiente.

Anita, que así se llamaba la princesa, era muy feliz viviendo así; pero su padre, el Rey, aunque quería mucho a su hija, no aprobaba su comportamiento. Él siempre había deseado una hija más tranquila.

—Es peligroso ir todo el día sola por el bosque —le decía el rey.

—Sí papa, sí papa —asentía Anita, que no le hacía ningún caso.

La mamá de Anita había muerto hacía unos años y aunque Anita adoraba a su padre, no estaba dispuesta a dejar de hacer las cosas que le gustaban.

Pero un día…

Un día algo terrible pasó, que cambiaría la vida de la Princesa Rebelde. Anita se levantó una mañana dispuesta a irse a corretear al monte, cuando se dio cuenta de que no podía caminar, al poner los pies en el suelo se le quedaron pegados y apenas podía deslizarse por el suelo.

—¡¡¡¡¡ARGGGGGGGGGGG!!!!! —gritó Anita. El grito lo oyó todo el condado y hasta los vecinos de dos condados más lejanos al suyo.

A partir de ese día su vida se convirtió en un tormento. Anita no podía salir de palacio, apenas podía moverse, solo podía avanzar unos cuantos metros arrastrando los pies, no podía bajar las escaleras del palacio, ni nadie podía llevarla en brazos, pues sus pies no podían separase del suelo.

Cuando Anita dormía, tenía que hacerlo con los pies pegados al suelo y medio cuerpo fuera de la cama, ni siquiera podía tumbarse.

¡Pobre princesa! No encontraba consuelo. Su padre, el rey, también sufría por verla así, sus amigos los animales, las liebrecillas, los ciervos, las águilas, las mariposas, los pajarillos cantores... Todos echaban de menos a la Princesa Rebelde.

Y nadie sabía por qué había sucedido esto.

—¿Qué ha pasado papá? —lloraba Anita.

—No lo sé hija mía, no lo sé. Ha debido de ser una maldición, pero encontraremos una solución. Voy a llamar a los más sabios del reino; a brujas y magos, a todo aquel que pueda deshacer el hechizo y le daré una buena recompensa a quien así lo haga —dijo el rey con el corazón en un puño.

Y así fue. El rey llamó a sabios, brujas, magos, duendes y a todo aquel que pudiera ayudar a su hija a despegar los pies del suelo.

Ahora Anita era conocida como la Princesa de los Pies de Pegamento.

Empezaron a ir a ver a Anita extraños personajes que decían saber cómo deshacer el hechizo. Un día fue a palacio una bruja con la cara verde muy muy fea. En los pies tenía ratones, sus ropas estaban llenas de agujeros y telarañas y olía a queso podrido.

—¡¡¡Ay, qué bruja más apestosa!!! —dijo Anita, tapándose la nariz.

—¡Calla niña!, agita la mezcla, bébela muy despacio y espera —dijo la bruja con una voz de ultratumba.

Anita bebió la pócima que tenía un sabor muy malo y le dieron ganas de vomitar.

—¡¡¡Argg, pero qué asco!!! —gritó Anita.

—Espera, espera —decía la bruja con su voz tenebrosa.

Pasó el tiempo y los pies de la princesa seguían pegados al suelo, y además la pócima de la bruja apestosa le había quemado la lengua y ahora Anita no podía comer ni beber.

—Tranquila hija, tranquila —le consolaba el rey mientras abrazaba a la pobre princesa—. Habrá una solución, luz de mis ojos, siempre la hay.

—¡Ayy, papá, ayy, papá! ¡Qué desgraciada soy! —lloraba la desconsolada joven.

¡Pobre princesa!, sus lágrimas no cesaban de fluir mientras sus pies esclavos del maleficio seguían pegados al suelo.

Otro día fue a visitarla un mago, un mago gordo y feo y de muy mal humor, un mago gruñón y extravagante que vestía de negro. Eso sí, tenía un sombrero de copa que era mágico y con el que podía volar, era gruñón pero era todo un mago.

Así que Anita pensó que quizá podría deshacer el hechizo.

—Con estos polvos mágicos que te doy al hechizo derrotaréis —dijo el mago gruñón muy enfadado, porque él siempre hablaba gruñendo.

Esparció los polvos mágicos sobre la princesa y …a Anita le empezaron a entrar unos picores horribles por todo el cuerpo.

—¡¡¡Ayyyy!!! ¿Pero qué me has hecho mago estúpido? —gritó Anita muy enfadada—. Si tuviera aquí un palo, te daba unos cuantos garrotazos.

El mago dio un salto hacia atrás y volando con su sombrero mágico se precipitó hacia la ventana por donde se fue volando.

—Luz de mis ojos —decía el rey derrotado—, ¿pero es que nadie puede ayudarte?

Ahora Anita tenía los pies pegados al suelo con pegamento, quemaduras en la lengua y granos que le picaban mucho por todo el cuerpo.

—Nos están tomando el pelo papá, no quiero que venga nadie más —dijo Anita muy seria.

—Pero hija… —el rey se negaba a rendirse— algo podrá hacerse.

—No papá, si este es mi destino, así será. ¡Me rindo!, pero creo que me moriré de pena —dijo Anita entre lágrimas de dolor.

Y así empezaron a pasar los días; tristes, largos, vacíos… con nubes negras en el cielo y con un sol turbio. Solo se oían en el palacio llantos y gemidos.

Un día los pajarillos del bosque llamaron a la ventana de la princesa.

—Anita, Anita, tenemos un mensaje de la tortuga Ofelia, dice que puede ayudarte —dijeron los alegres pajarillos.

Anita se deslizó lentamente con sus pies de pegamento hacia la ventana.

Su rostro estaba demacrado y tenía una mirada cargada de tristeza; daba pena mirarla, pero la tortuga Ofelia era el animal más sabio del bosque y el más bueno. Un rayito de esperanza se vislumbró en los ojos de Anita…

La tortuga Ofelia era una tortuga grande y verde muy anciana, tenía casi cien años de edad y era muy sabia, vivía en el estanque del bosque rodeada de nenúfares donde todo parecía ser creado para ser bello. La hierba era más verde, los pájaros llenaban el aire con sus cantos, el cielo azul magnificaba la tierra con su luminosidad… el estanque era un lugar para disfrutar, donde Anita se había recostado muchas veces para charlar con la tortuga Ofelia.

La vida de la tortuga Ofelia no siempre fue tan feliz, había vivido con una malvada mujer con cara de pasa (porque tenía muchas arrugas) que no la había cuidado, ni siquiera ponía a la pobre tortuga dentro del agua y casi no le daba comida.

Pero un día Ofelia pudo escapar, ayudada por un águila bondadosa que la sacó de esa mazmorra y la condujo al hermoso estanque.

—¡Hola, pajaritos! Contadme qué dice la tortuga Ofelia —preguntó Anita esperanzada.

—Anita, la tortuga Ofelia nos ha dicho que ya sabe cómo deshacer el maleficio, solo tienes que repetir unas palabras mágicas —canturrearon los pajarillos con gran alegría.

—¿Unas palabras mágicas? ¿Qué palabras? —Anita sentía cada vez más curiosidad.

—«Gracias», «Te amo», «Lo siento», «Por favor perdóname», repite las 4 palabras juntas si quieres o solo una palabra, dos… como quieras, repítelas durante unos días y antes de dormir todas las noches, cuanto más tiempo repitas las palabras durante el día mucho mejor —explicaron los pajarillos.

—Por lo que decís, queridos amigos, puedo repetir las cuatro palabras juntas; gracias, te amo, lo siento, por favor perdóname o solo dos por ejemplo; ¿gracias, te amo? —preguntó Anita muy emocionada.

—Sí, como quieras —contestaron sus amigos los pájaros.

—Y solo una palabra, por ejemplo: ¿gracias? —seguía preguntando Anita, que quería seguir el consejo de la tortuga Ofelia y repetir esas palabras mágicas.

—Sí, sí —rieron los pajarillos percibiendo el entusiasmo de Anita.

—Bueno, así lo haré, si lo dice la tortuga Ofelia… ¿puedo decir las palabras cantando? —preguntó Anita con emoción, pues le gustaba mucho cantar.

—Sí, si quieres, las puedes cantar, pero también las puedes repetir en silencio. Nadie tiene que saber que repites unas palabras si no quieres —le explicaron los pacientes pajarillos.

—Bien, así lo haré. ¡¡¡Voy a empezar ya mismo!!! —Anita tenía fe en esas palabras, no sabía por qué, pero le gustaban mucho.

Anita empezó a repetir las palabras mágicas y comenzó a sentirse mejor, más animada y tranquila, siguió repitiendo todo el día y la tristeza empezó a alejarse, asomaban promesas de días de luz y alegría.

Hasta el rey, cuando fue a visitar a su hija por la noche, la encontró más contenta, como hacía meses que no la veía.

—Vaya, hija mía. Veo chispitas de alegría en tus ojos, ¿ha pasado algo bueno? —le preguntó el rey con una gran sonrisa de felicidad por verla tan animada.

—No lo sé muy bien papá, pero creo que tengo la fórmula mágica para acabar con este maleficio —dijo Anita con mucha solemnidad.

—¡Ay, Dios te oiga hija!, ¿y cómo se hace? —el rey sentía una gran curiosidad, lo habían intentado todo y nada había funcionado.

—Repitiendo varias veces al día tan solo unas palabras mágicas... —dijo Anita con voz misteriosa.

Anita le contó lo que le había aconsejado hacer la tortuga Ofelia, al rey no le pareció gran cosa que repitiendo unas palabras el maleficio se deshiciese, aunque, eso sí, las palabras eran muy bonitas.

Pasaron un par de días, Anita seguía repitiendo casi todo el día las palabras, a veces se olvidaba, pero cuando se acordaba volvía a repetir las palabras mágicas.

Era una mañana hermosa, soleada y por la ventana entraba una brisa agradable, Anita se fue a incorporar de la incómoda postura en la que tenía que dormir y de repente... ¡Ohhhhhh, sus pies estaban despegados! Anita pensó que soñaba, no se lo creía, pero síííí, era real, volvía a andar.

Anita empezó a correr por la habitación, a saltar encima de la cama. ¡¡¡Sí, sí, sí adiós al maleficio, ya se habían despegado los pies!!!!

—¡Papá papá! —gritó Anita.

Anita corrió escaleras abajo. El rey no lo podía creer y lágrimas de alegría corrieron por sus mejillas.

—Hija mía, por fin. ¿Cómo ha sido?

—Las palabras mágicas papá, las palabras mágicas —Anita no podía ni hablar de la emoción que sentía.

—¿Ves hija? Hasta los problemas más grandes siempre tienen solución, confía siempre en la vida hija —dijo el rey entre risas y lágrimas.

—Sí, papá, confiaré y ya no me volveré a rendir nunca más ante nada —le prometió Anita.

Sus amigos los animales, que habían oído los gritos de felicidad de Anita, fueron corriendo a verla. En unos minutos bajo su ventana estaba el bosque entero.

—¡Qué feliz soy, queridos amigos!, llevadme a ver a Ofelia por favor, quiero agradecérselo —le pidió Anita a sus buenos amigos los animales, que nunca le habían fallado.

Anita montó sobre el lomo de Cleopatra, un águila majestuosa que siempre la transportaba donde quería y volando libre por el cielo azul y llorando de alegría, la princesa rebelde llegó al estanque de la tortuga Ofelia.

Anita se introdujo en el estanque, cogió a Ofelia y le dio un beso en la cabecita.

—Amiga mía, ¿cómo puedo agradecerte lo que has hecho por mí? —Anita se sentía en deuda con la buena tortuga.

—¡Qué alegría verte otra vez andando, corriendo y volando! Es lo que más quería, echaba de menos que vinieras a visitarme. Ya estoy feliz viéndote otra vez contenta, no quiero nada más

—dijo Ofelia, con su voz ronca de anciana pero a la vez era una voz muy simpática y graciosa.

—Qué sabia mi tortuguita, pero Ofelia, ¿cómo supiste lo de las palabras? —Anita estaba intrigada... No podía creer que algo tan sencillo como repetir unas palabras fuera tan eficaz.

—Je, je, je, no quieras saberlo todo Anita, hay muchas cosas en este mundo que están para ayudarnos y las palabras que has repetido son una de esas cosas. Sigue repitiendo todos los días las palabras aunque se haya deshecho el maleficio, te sentirás alegre y tranquila y tu vida será más hermosa —le explicó Ofelia.

—Gracias, querida Ofelia —el corazón de Anita desbordaba gratitud—. ¿Y puedo repetir las palabras y pedir que se cumplan mis deseos? —preguntó Anita entusiasmada.

—Bueno, Anita. No funciona así exactamente. Cuando tengas un problema, has de repetir las palabras mágicas y la solución a tu problema llegará, pero no sabes cómo ni cuándo. No pidas nada concreto y deja que la vida te sorprenda, confía en que te esperan hermosas sorpresas, de eso puedes estar segura —le explicó la sabia Ofelia.

—Sí, yo confío en que me esperan cosas maravillosas, extraordinarias... ¡¡¡y ahora repitiendo las palabras todavía más!!! —dijo Anita con alegría.

Y así la princesa de los pies de pegamento volvió a ser la princesa rebelde.

Se organizaron quince días de actos festivos en el condado y todo el mundo se alegró de que el tormento de la princesa hubiera acabado.

Ofelia fue nombrada miembro real de la comarca y también se hizo una fiesta en su honor. Además, se llevaron otras tortuguitas al estanque para que Ofelia estuviese siempre acompañada.

Pero nadie supo nunca cómo se había deshecho el maleficio.

«Gracias», «Te amo», «Gracias, te amo», seguía cantando Anita todos los días…

Un niño, un gato y un globo

Luisito era un niño bastante infeliz. Tenía 9 años; era gordito, bajito para su edad, llevaba aparato para los dientes y llevaba unas gafas muy grandes y feas de señor mayor.

Tenía las mejillas redondeadas, brazos y piernas regordetes, era todo redondo, con 9 años tenía todavía los rasgos de un bebé.

Sus compañeros de colegio lo llamaban «bola de sebo», «cuatro ojos», «gordinflas»… Siempre le estaban insultando y le robaban el bocadillo, así que Luisito, que no podía pasar sin su bocadillo de queso y jamón, se llevaba dos bocadillos, uno se lo escondía entre la ropa y así no se lo robaban.

Además de por su aspecto los otros niños también se reían de Luisito, porque le gustaba mucho ir a la biblioteca a leer, en vez de jugar en el recreo.

A Luisito le encantaban las historias de marcianos, de dragones, y aunque era un niño también le gustaban las historias de hadas.

En el colegio solo lo entendía una profesora muy buena, Beatriz, una joven morena, guapa y muy cariñosa que a Luisito le recordaba a las hadas que salían en los cuentos.

—Luisito, tienes que jugar más en el recreo, no estar todo el tiempo en la biblioteca, está muy bien que leas, eres un niño muy listo y estoy orgullosa de ti, pero si te relacionas más con tus compañeros harás amiguitos y podrás jugar con ellos, también es importante —le explicaba su profesora acariciándole la cabecita.

—A mí nadie me quiere, los demás niños solo me insultan… No sé por qué me tratan así, no les he hecho nada —lloraba el pobre Luisito.

—¡Ay, mi Luisito! Si eres un niño precioso, bueno e inteligente, confía más en ti pequeño —le decía su profesora Beatriz, mientras lo consolaba con un abrazo.

Pero Luisito no se creía esas palabras. Le decía eso, porque su profesora era muy buena, ¡qué le iba a decir un hada!

También había una niña con la que Luisito jugaba de vez en cuando, se llamaba Josita. Era una niña muy guapa con grandes ojos verdes, y el pelo entre marrón y rojizo, Josita era una niña muy simpática, y algo solitaria. A Luisito le gustaba hablar con ella porque a Josita le gustaban mucho las hadas y decía haber visto unas cuantas, y también había visto gnomos y duendes, decía que en su cartera del colegio vivía un duende que se llamaba Pipin y que la protegía de todo lo malo.

—¿Puedo ver al duende? —le pedía Luisito entusiasmado.

—No puedes, solo lo puedo ver yo —le decía siempre Josita con voz misteriosa.

—¿Y cómo es Pipin? —le volvía a preguntar Luisito.

—Es bajito, con una nariz larga y puntiaguda, la piel violeta, dos pequeños ojos azules, un sombrero marrón y un pantalón verde, es muy travieso y siempre está saltando y riendo —le explicaba Josita.

Pero la mejor amiga de Luisito era su gatita Caramelo, una gata siamesa muy guapa y muy buena, rechoncha como Luisito, con la cara y las patitas negras, el cuerpo marrón y unos ojos redondos y azules como chinchetas.

Caramelo era un poco cascarrabias, todo hay que decirlo, pero quería mucho a Luisito, siempre que Luisito llegaba a casa lo recibía dando volteretas de alegría; Luisito la cogía en brazos y Caramelo se acurrucaba contra él ronroneando de alegría y le daba besitos con su lengua pequeña y rosa.

Caramelo tenía algo peculiar, siempre iba con un globo azul a su lado, nadie sabía por qué, pero siempre tenía al lado un globo que nunca explotaba.

Además, cuando los papás de Luisito se ponían a discutir, que últimamente era con bastante frecuencia, Caramelo se acercaba a Luisito y lo consolaba si este se ponía a llorar.

—Tranquilo, no llores más —le decía Caramelo con la mirada llena de amor hacia Luisito—. Qué padres más pesados. ¡¡¡agggg!!! —rumiaba Caramelo.

El rostro de Luisito enrojeció y se llenó de lágrimas.

—Mis papás siempre están discutiendo, ojalá pudiera irme muy lejos de aquí y no oírles más.

Los papás de Luisito eran buenos y querían mucho a su hijo pero estaban siempre muy ocupados por el trabajo y últimamente estaban siempre enfadados, Luisito se sentía solo porque tampoco tenía hermanos.

—Vamos a dar un paseo Caramelo —dijo Luisito con decisión.

—¿Un paseo?, ¿otra vez? Agggg, qué fastidio —protestaba Caramelo gruñendo.

Al fin y al cabo, bien es sabido que a los gatos no les gusta mucho salir de casa y que lo que más les gusta es la rutina, pero Caramelo quería mucho a Luisito, así que, aunque a regañadientes, siempre iba a acompañarle.

—Vamos a la orilla del lago a buscar duendes, Josita dice que están por allí —dijo Luisito esperanzado.

Así que Luisito, Caramelo y su globo cogieron unos bocadillos y se fueron al lago del bosque cercano a su casa.

Llegaron a la orilla del lago que era un sitio idílico, era un lago muy azul con forma de corazón donde vivían muchos peces y patos.

—¡Qué lugar tan tranquilo y tan bonito, si pudiera estar siempre en un sitio así... si pudiera irme de mi casa, del colegio y dejar de escuchar gritos de mis papás e insultos de los otros niños, ¡qué feliz sería! —exclamó Luisito con tristeza.

Y tras pronunciar estas palabras... De repente, el agua del lago empezó a moverse en círculos, el cielo se volvió negro como si la noche hubiese llegado, se empezó a oír un ruido como de máquinas, cayeron estrellitas verdes del cielo y apareció un extraordinario objeto aéreo azul y naranja con forma de huevo, que parecía ser una nave espacial.

Luisito y Caramelo empezaron a temblar de miedo, Luisito empezó a tartamudear.

—Os os os tras os os tras.

A Caramelo se le erizó el pelo, se quedó muda, con la boca abierta y su cara se quedó petrificada. Esto era demasiado para un gato casero.

Luisito tuvo que respirar lentamente para poder hablar, casi se desmayó de miedo.

—¿Quiénes sois, quiénes sois?

Y entonces bajaron de la nave en forma de huevo unos seres muy extraños.

Eran unos seres azules, con mucho pelo por todo el cuerpo, la cara muy redonda, una nariz roja muy grande de payaso y unos zapatones amarillos con cordones naranjas, también llevaban una capa de color rosa.

—¡Ey, hola chicos! Vamos, subid a la nave —dijo uno de esos seres con voz de pito.

—¿Pe pero quiénes sois? —tartamudeaba Luisito.

—Tú has dicho que querías irte de aquí... y los deseos pueden cumplirse, vámonos —dijo uno de los extraterrestres.

—Ni muerta —dijo Caramelo, que por fin había recuperado el habla.

Pero Luisito empezó a tranquilizarse, «¿por qué no ir con ellos?», se dijo para sus adentros, parecían buenos.

—¿Sois extraterrestres, verdad? ¿Pero sois buenos? — preguntó Luisito cada vez más confiado.

—Sí claro, somos buenos y nuestro país es muy bonito —dijo uno de ellos mientras bebía un líquido verde con burbujas

—¿Qué es eso que bebes? —tenía buena pinta pensó Luisito.

—Es cruck, je je. Ya lo probarás, en nuestro país hay muchas cosas buenas —dijo el extraterrestre riendo.

Luisito cogió a Caramelo en brazos, a su globo y se dirigió hacia la nave

—Que no, que no, que yo no subo ahí —gritaba Caramelo.

Pero Luisito no le hizo ningún caso y con ayuda de los extraterrestres en forma de muñeco, empezó a subir las escaleras de la nave. ¡Caray! pensaba Luisito, no surgía una oportunidad así todos los días. Cuando le contara esto a Josita... ella tenía sus hadas y duendes, pues él tenía extraterrestres. Por primera vez en su vida se sintió importante, menuda aventura.

Entraron en la nave; por dentro era también azul y naranja y se parecía a un avión.

—¡Vamos chicos, rumbo a Hielo Azul!, así se llama nuestro país —les explicó alegremente el extraterrestre que pilotaba la nave.

—¿Dura mucho el viaje? —preguntó entusiasmado Luisito, ya no tenía miedo, sentía emoción.

Uno de los extraterrestres le miró sonriendo.

—Ya hemos llegado.

—¿Cómo? —si acababan de subir, pensaba Luisito.

Los extraterrestres sonreían viendo la cara de sorpresa de Luisito y Caramelo.

—El tiempo es algo relativo y en esta nave pasa más rápido.

—Pero si parece un minuto —Luisito no salía de su asombro.

A Caramelo cada cosa que oía y veía le daba más miedo.

Tranquila Caramelillo —Luisito la intentaba calmar y le acariciaba el lomo.

—Vamos, bajad —ordenó uno de los extraterrestres.

Bajaron de la nave espacial y lo que vieron les sorprendió mucho. Hielo Azul era un país reluciente y hermoso donde todo era azul y olía a chocolate, había hermosas praderas, pero no eran verdes, eran azules y exuberantes montañas que no eran marrones, eran naranjas; en vez de casas había naves espaciales en forma de huevo también de color azul y naranja; el cielo era limpio y extenso de color amarillo limón; el sol iluminaba el brillante paisaje que resplandecía y destellaba esplendorosamente.

Luisito no podía dejar de contemplar el bello paisaje que era como un cuadro.

De repente, aparecieron unas niñas, parecían más o menos de la edad de Luisito, quizá algo más pequeñas; eran bastante parecidas a las niñas de la Tierra y diferentes a los extraterrestres muñecos, debían ser gemelas porque eran idénticas, la única diferencia es que una de ellas tenía el pelo naranja y otra tenía el pelo azul.

Eran unas niñas muy guapas con ojos simpáticos, grandes y castaños, llevaban unos vestiditos rojos y resplandecientes con un cinturón dorado que tenía una hebilla grande y muy vistosa en forma de corazón, sonreían mucho y tenían cierto aire travieso.

Se acercaron a Luisito dando con mucha agilidad saltos de varios metros y volteretas laterales.

—Hola, Luisito —las niñas le hicieron un alegre guiño de complicidad.

—¡Hola!, ¿quiénes sois? Sois diferentes a los extraterrestres muñecos —les preguntó Luisito.

Las gemelas se acercaron a Luisito y lo miraron con interés.

—Somos las hijas de los reyes del planeta Hielo Azul, Habichuela y Mambu —le respondieron, haciendo una reverencia y con una mirada muy pícara.

Tras estas palabras se encaramaron a las ramas de un árbol naranja con la destreza de una ardilla.

—Siempre estamos saltando, haciendo volteretas y jugando, ¿quieres jugar con nosotras Luisito? —le preguntaron las gemelas.

—¡Sí, claro! ¿Y Caramelo también puede jugar? Es mi gatita —Luisito estaba la mar de contento, iba a tener dos amigas.

Habichuela y Mambu miraron con dulzura a Caramelo que aún estaba algo asustada.

—Bienvenida sea Caramelo. Claro que puede jugar, nos gustan todos los animales, son muy buenos, y puede venir con su globo.

—¿Y me enseñaréis a hacer volteretas como las vuestras? En mi planeta se ríen de mí, porque soy gordo y torpe —preguntó esperanzado Luisito.

Habichuela y Mambu, que a veces hablaban a la vez, asintieron suavemente con su linda cabecita.

—Claro, te enseñaremos a hacer las acrobacias más impresionantes.

—¡Yu, hu! —exclamó Luisito con gran alegría.

Y así empezó una amistad muy grata para Luisito y Caramelo. Se vivía bien en ese país. Luisito y Caramelo eran felices jugando siempre con Habichuela y Mambu, que eran dos niñas infatigables. Nunca se cansaban de jugar, y les enseñaron muchos juegos divertidos.

También les enseñaron el país de Hielo Azul y fueron presentados a todos sus habitantes.

Nadie se metía con Luisito por ser gordito, todos los extraterrestres muñecos eran muy buenos con él y con Caramelo. Luisito nunca pensó que tendría tantos amigos, pero lo había conseguido.

Se hicieron especialmente amigos de Lito, un extraterrestre de Hielo Azul de avanzada edad, tenía cara de bueno y una gran barrigota. Siempre estaba comiendo algo parecido a churros, Lito les contaba muchas historias del país de hielo azul, a Luisito le resultaba muy simpático y le recordaba a su abuelito.

Un día les dijo algo que a Luisito y Caramelo les dio un poco de miedo.

—Hay una franja roja que nunca habéis de cruzar, lo que hay al otro lado no os gustaría, peligros y desgracias se esconden tras esa línea roja —dijo Lito con voz misteriosa.

Pero en Hielo Azul no parecía haber ningún peligro y Luisito era feliz.

—Si pudieran verme en el colegio —decía Luisito mientras daba una voltereta lateral con agilidad.

Caramelo lo miraba boquiabierta.

—Sí que has cambiado Luisito. Ahora ya no se reirán de ti.

Caramelo también era feliz en Hielo Azul, pero añoraba su casa y su mantita que siempre le daba calor y donde pasaba varias horas durmiendo ronroneando de placer.

Y un día Luisito también empezó a echar de menos a sus papás, a Josita, a su profesora Beatriz, a los bizcochos que siempre le hacía su buena vecina Maribel…

—¿Y si volviéramos Caramelo? Aquí se está bien y todos son buenos con nosotros, pero a mí me gustaría volver con mamá y papá —dijo Luisito a punto de llorar.

Caramelo pensaba lo mismo y asintió con la cabeza.

Así que Luisito, Caramelo y su globo fueron a hablar con Habichuela y Mambu.

—¿Volver? —Habichuela y Mambu los miraron con sorpresa—. No se puede, una vez que entras en nuestro país ya no puedes irte.

A Luisito, al oír estas palabras, le empezó a entrar miedo y les suplicó a Habichuela y Mambu que los dejaran volver a su país.

—Por favor, por favor, queremos volver a casa —Luisito y Caramelo estaban desesperados, querían volver a su vida de siempre.

—Lo siento, es imposible, nadie que viene aquí puede volver, son las normas de nuestro planeta —dijeron Habichuela y Mambu, lamentando la tristeza de sus amigos.

—Pero sí hay una forma —le dijo Habichuela a Mambu al oído.

—¡¡CHUSSS!! Calla Habichuela, no podemos decir nada —dijo Mambu en voz baja.

Luisito abrazaba a Caramelo con los ojos humedecidos por las lágrimas, Caramelo gruñía y lloraba a la vez.

—¡Agg agg! Qué desgracia, qué desgracia más grande aggg.

Habichuela y Mambu, que tenían un corazón noble, se entristecieron por las lágrimas de Luisito y Caramelo, pero nada podían hacer y se alejaron muy tristes. Tan tristes estaban que se fueron caminando por una vez en vez de dar saltos y volteretas.

Pero Luisito no se iba a rendir, había oído decir a Habichuela que sí había una forma de volver a casa.

—Se van a enterar Habichuela y Mambu —dijo Luisito, que había pasado de la tristeza al enfado, no se iba a resignar tan fácilmente, si había una forma de volver a su hogar él la sabría.

—Vamos, Caramelo —dijo con voz firme.

Luisito, Caramelo y su globo comenzaron a andar hacia la dirección por donde se habían ido las gemelas.

Y de repente llegaron a una línea roja marcada en el suelo, por ahí no podían pasar, Lito se lo había explicado, si se pasaba esa barrera podían correr peligro.

Pero entonces oyeron gritar a Habichuela y Mambu.

— ¡¡¡¡¡Socorro, Socorro!!!!!

Luisito y Caramelo sintieron miedo y a punto estuvieron de darse la vuelta y empezar a correr, pero Luisito quería mucho a sus amiguitas, así que, con una valentía que nace del más puro amor, cruzó la frontera roja junto a Caramelo y corrieron al rescate de las gemelas.

Tras la línea roja hacía un fuerte vendaval y las nubes cubrían el cielo, oscureciéndolo como si fuese de noche.

Luisito y Caramelo vieron algo que los paralizó, una silueta oscura y difuminada, con dos ojos grandes y rojos como inyectados en sangre, que parecía un fantasma e intentaba meter a Habichuela y Mambu en un gran saco

—¡¡¡¡Eh, eh, suéltalas!!!! —gritó Luisito mientras le temblaban las rodillas.

—Marchaos de aquí o también os comeré a vosotros —amenazó el fantasma con una voz tenebrosa que ponía los pelos de punta.

Luisito sintió un escalofrío, pero empezó a coger piedras y a lanzárselas al fantasma, comenzó a correr veloz al lado de Caramelo que tiritaba de miedo y poco a poco se fueron acercando al ser oscuro.

El miedo no detuvo a Luisito y a Caramelo.

—Caramelo saca las uñas —le ordenó Luisito.

Caramelo se lanzó al cuello del fantasma y Luisito comenzó a pegarle patadas y puñetazos.

—¡¡¡Ajáaaaa, malditos seáis!!! —dejó caer a las gemelas y se evaporó.

Habichuela y Mambu se levantaron del suelo y comenzaron a alejarse dando sus ágiles volteretas.

—Vamos Luisito, vamos Caramelo. ¡¡¡Corred!!!!

Luisito y Caramelo empezaron a correr despavoridos a la velocidad de un galgo.

Pronto estuvieron a salvo, habían cruzado la línea roja y vuelto al país de Hielo Azul.

—Ay, ay, vaya susto —dijeron a la vez muy sofocadas Habichuela y Mambu.

—Gracias, Luisito y Caramelo, ese fantasma nos quería comer, estábamos tan tristes por veros llorar que no nos dimos cuenta de que cruzábamos la línea roja —Habichuela y Mambu miraban con gratitud a Luisito y Caramelo.

Luisito se sentía feliz y orgulloso de haber ayudado a sus amigas.

—No me creo lo valiente que he sido, siempre he pensado que era un cobarde.

—No digas tonterías Luisito —dijo Habichuela con algo de enfado—. Tienes que hablar bien de ti, creer en ti, respetarte y quererte. Eres valiente, con buen corazón, listo y simpático y estamos en deuda contigo

—¡Sí! Y vamos a decirte cómo puedes volver a tu casa —dijo Mambu con alegría—. Si no fuera por ti, quién sabe qué suerte hubiéramos corrido.

—Venid —dijeron al unísono Habichuela y Mambu.

Luisito, Caramelo y su globo siguieron a las gemelas que los llevaron a un lago en forma de corazón, era igual al lago que había al lado de su casa, donde se encontraron por primera vez con la nave espacial.

—Mira ahí Luisito —dijo Habichuela señalando el lago.

—Veo unas palabras en el agua: GRACIAS… LLOVIZNA… LO SIENTO… TE AMO… HIELO AZUL… LLAVE DE LA LUZ… VERDE ESMERALDA… GOTAS DE ROCÍO… ¿Qué significa esto? —preguntó Luisito muy extrañado.

—Solo tienes que repetir las palabras que en el agua ves, y tú, Caramelo y su globo podréis volver a vuestra casa. Hazlo esta noche, repite muchas veces las palabras y si lo mejor para ti es volver a casa con tus papás, tu deseo se cumplirá —le explicó Mambu.

—¿Solo con unas palabras? —Luisito pensaba que habría que hacer algo más complicado.

—Hay palabras que cuando se repiten nos ayudan a cumplir nuestros sueños, o incluso lograr más de lo soñado, pero no te olvides de nosotras cuando te vayas Luisito, ni tú tampoco Caramelo —dijeron Habichuela y Mambu a punto de ponerse a llorar.

—Nunca os olvidaremos, gracias a vosotras, yo soy un niño más valiente y confío más en mí —dijo Luisito, sintiendo mucha gratitud hacia esas dos niñitas mágicas.

—Y si alguna vez se vuelven a meter contigo en el colegio, tienes miedo o problemas, repite las palabras que acabas de ver. En cualquier situación te ayudarán —le aconsejó Habichuela.

—No hace falta que repitas todas las palabras juntas, puedes repetir una, dos, como quieras. A mi hermana Habichuela le gusta la palabra «Llovizna» y a mí me gusta repetir «Llave de la luz» —le explicó Mambu.

Los cuatro se fundieron en un abrazo y ambas gemelas se quitaron la hebilla en forma de corazón de su cinturón dorado y le dieron una a Caramelo y otra a Luisito, para que tuvieran un recuerdo del país de Hielo Azul.

Se despidieron llorando de pena, pero Luisito y Caramelo querían regresar a su hogar.

Luisito y Caramelo se fueron a dormir y Luisito empezó a repetir las palabras.

—Repite, repite —le recordaba Caramelo.

—Gracias, Te amo, Lo siento, Llovizna, Hielo Azul, Llave de la luz.

Luisito no dejaba de repetir las palabras, le gustaba mucho repetir «Hielo Azul», porque era el nombre del país donde tan buenos ratos había pasado.

Al final se quedaron dormidos y cuando despertaron… estaban en el lago del bosque al lado de su casa, ¡¡¡¡Habían vuelto a su hogar!!!!!

Corrieron a casa, donde los papás de Luisito estaban desconsolados, habían estado muy preocupados.

Los padres de Luisito lo abrazaron con alegría, y le pidieron perdón.

—Hijo, últimamente no te hacíamos mucho caso, a partir de ahora será distinto.

También se reencontró con Josita y su profesora Beatriz, a quienes les contó con todo lujo de detalles su increíble aventura.

Josita le pedía una y otra vez maravillada que le contara la historia:

—¡Oh, oh, oh! —exclamaba Josita, que se quedaba sin palabras de la emoción.

Su profesora Beatriz se alegró mucho de ver a Luisito y notó que ahora era un niño mucho más feliz y seguro de sí mismo.

En el colegio ya nadie se metía con él, ahora tenía buenos amigos.

Luisito, gracias a su aventura en Hielo Azul, confiaba más en sí mismo y tenía menos complejos, pero además seguía repitiendo las palabras mágicas y todo en su vida le iba mucho mejor, si sentía miedo, tristeza... las repetía, y al rato se sentía mejor, si tenía algún problema repetía las palabras y el problema en el momento adecuado se resolvía y de la mejor forma para todos.

También repetía las palabras mágicas cuando estaba feliz, eran un regalo de Habichuela y Mambu, y sabía que era bueno para su vida repetir «Hielo Azul», «Llovizna», «Gracias», «Te amo», cada día que pasaba se sentía más y más feliz.

Caramelo, por su parte, juró que nunca más saldría de casa que era donde debía estar un gato, era feliz con su rutina diaria, con su globo siempre a su lado y viendo a Luisito tan contento.

—Gracias, Te amo, Gracias, Te amo...

Ahora Luisito cantaba las palabras en voz alta, porque estaba muy contento, nunca se olvidaría de su gran aventura, de Habichuela y Mambu, del país de Hielo Azul y de las palabras mágicas que le hacían la vida más fácil.

Los Alegres y los Tristes

Había dos países cercanos en espacio, pero muy alejados en realidad, uno de los países se llamaba el país de los alegres, el otro país era llamado el país de los tristes.

Como te puedes imaginar, eran países totalmente diferentes. En la tierra de los alegres reinaba el buen humor, la positividad, la gratitud y el amor. Los alegres llenaban con sus risas cada rincón de las calles, se oían las risas cantarinas de los niños perdidos en su juego, todo era alegría y paz.

En el país de los tristes solo había negatividad, llantos y lamentaciones, odio y rencor.

Había un silencio tenebroso, el cielo siempre estaba gris, se oían llantos desgarrados, gritos de terror, la mirada de los habitantes del país de los tristes era una mirada vacía sin una pizca de vida. En el país de los tristes no había ilusión, no había ganas de disfrutar de la vida, no había ni una sonrisa, ni un juego, ni una canción, todo era tristeza y amargura.

El rey de los tristes se llamaba Danril, era un ser ruin y avaricioso, cuyo único fin era acumular riquezas, le daba igual que su país se muriera de pena, al fin y al cabo: ¿qué motivos da la vida para ser feliz?, se decía siempre Danril.

—Ninguno, ninguno, no hay motivos para la felicidad, solo conseguir oro llena el vacío —gritaba Danril preso de la avaricia.

—Oro, oro, más oro, la vida es triste, injusta. Oro, oro es lo único que da alegría, más oro —decía Danril en sus noches de insomnio, pues apenas podía dormir por su obsesión en acumular riqueza.

Danril era una persona muy triste, transmitía a quien lo mirase pesimismo y amargura e incitaba a quien estuviera a su lado a volverse igual de pesimista, era una melancolía contagiosa la de Danril. Por eso los habitantes de su país eran tan tristes. En ese país estar alegre era considerado como un delito y que Danril no te viese contento, pues te cortaba la cabeza sin piedad.

La alegría era considerada una peste, un delito, un pecado de hombres débiles ¡una plaga maldita!

Así vivían en el país de los tristes; muriéndose de pena.

Danril no siempre había sido una persona tan amargada, en otros tiempos fue un caballero de gran nobleza y valentía, no tenía oro, y vivía de una forma modesta, pero era feliz, tenía muchos amigos que le querían y a los que querer, siempre tenía una sonrisa y una palabra amable para todo el mundo y podías contar con Danril si necesitabas su ayuda.

Pero Danril sufrió una gran humillación cuando la mujer a la que amaba lo dejó por un caballero más rico que él; juro que se convertiría en el hombre con más oro del planeta y así fue.

Hasta se convirtió en rey al casarse con la reina Luzmila, que falleció al poco de casarse con Danril, una buena mujer Luzmila; pero el corazón de Danril nunca pudo amarla, sintió tanto dolor por el desprecio de su amada que decidió cerrar el corazón para siempre, así dejaría de sentir ese dolor en el pecho.

Danril se sentía cada día más triste, más amargado, más solo y cada vez más obsesionado con acumular riquezas.

Pero Danril tenía otra obsesión que le perturbaba, además del oro, el país de los felices.

«¿Por qué en ese país siempre están contentos, sonriendo, felices? ¿Por qué, por qué? ¿Cómo lo hacen? Agg me desesperan», se preguntaba Danril a sí mismo.

Y un día, mientras repasaba el valor de su fortuna con su contable, tomó una decisión.

—Acabaré con ellos, malditos idiotas de sonrisa bobalicona, los destruiré, los aplastaré —rugió Danril, todo su ser gritaba venganza.

—¿Qué decís señor? No entiendo, le decía que su fortuna… —intentó decir el contable.

—Callad Ulisais, estoy pensando en esos idiotas de los felices, tengo un plan… —el tono de voz de Danril daba miedo.

Ulisais lo miró consternado, era el contable de Danril, un hombre serio y responsable que pensaba que no había cosa más bella que los números y las matemáticas, le gustaba hacer cuentas.

Ulisais era un hombre triste y melancólico, pero tenía buen corazón y no entendía por qué Danril tenía tanta aversión al país de los felices, Ulisais a veces echaba de menos reír, lo único que hacía todo el día era trabajar y pensaba que estaría bien eso que llamaban jugar y divertirse…, bueno nunca lo sabría, había que resignarse.

—Ya sé lo que haré mi fiel Ulisais, ja, ja, ja —rió Danril.

Danril decidió que enviaría al país de los alegres a los dragones negros, unos dragones de color negro en vez de verde, de tamaño gigantesco, con grandes alas, aliento de fuego y grandes colmillos, los dragones negros eran famosos por su gran ferocidad, no solo podían incendiar un país entero, también les gustaba comerse a los humanos con sus grandes colmillos.

—JA, JA, enviaré a esas bestias inmundas y acabaré por fin con esas risas escandalosas ¡¡¡ para siempre!!!

—Se acabó la alegría ¡viva la pena y el llanto! —decía Danril con una mirada oscura llena de odio que se clavaba como cuchillos.

Y así fue, los dragones negros fueron enviados a acabar con el país de los alegres.

—No dejéis un ser vivo en ese país inmundo —ordenó Danril.

Pero el tiempo pasaba y los dragones no volvían para informar sobre la aniquilación del país de los alegres.

Una semana, dos semanas, tres semanas… Ni una noticia.

«¿Qué habrá sucedido?, esos ignorantes de los alegres son fáciles de vencer», se preguntaba Danril inquieto.

Pero Danril no se iba a dar por vencido tan fácilmente, su odio y sed de venganza seguían intactos.

—Ya sé lo que haré, enviaré al ejército de grais salvajes. Ja ja ja.

—Danril se reía con maldad, la risa es lo más saludable de este mundo, pero a veces la risa puede convertirse en un sonido malvado, la risa de Danril provocaba escalofríos por todo el cuerpo a todo el que la escuchaba.

Los grais salvajes eran unos seres mitad hombre, mitad gorila con una fuerza sobrehumana, podían estrangular a un hombre con solo rozarle el cuello, con solo pensar en comerse algún humano, la comida más apetitosa para los grais, sus feas bocas empezaban a salivar pensando en el jugoso festín.

Danril dio instrucciones claras al rey de los grais.

—Quiero que acabéis con todo el país, no dejéis ni un ser vivo —ordenó Danril.

—Así se hará majestad, no temáis, mañana a la salida del alba ese país será historia —dijo el rey de los grais con voz diabólica, los grais solo guardaban odio en sus corazones

Pero de nuevo el tiempo pasaba y no había noticia de los grais, una semana, dos semanas, tres semanas.

Esto era demasiado para Danril, sentía la necesidad de herir a los felices, de producirles dolor.

—Malditos miserables —rugió Danril—. Acabaré con ellos cueste lo que cueste.

Así que decidió enviar al país de los alegres a la maldad personificada, a unos seres cuyo único objetivo era ver ojos arrasados de dolor en los demás, los tres magos del lado oscuro.

Los tres magos eran unos seres con poderes sobrenaturales, con el poder de su mente podían aniquilar un país entero, daba miedo solo mirarlos, con su estatura de más de dos metros, los ojos amarillos, completamente vestidos de negro y llenos de desprecio hacia todos los seres humanos.

Los magos que siempre sentían la necesidad de herir a los demás se alegraron mucho de la misión que Danril los encomendaba y no dudaron de que sería un éxito.

—Tranquilo, amigo Danril, saquearemos el santuario de los alegres hasta que no quede un aliento de vida en ese maldito país —dijo uno de los 3 magos negros.

Una semana, dos semanas, tres semanas, sin noticia de los tres magos negros.

Danril había descubierto una pasión que le asfixiaba el alma, que cada día crecía y crecía: la venganza. Le faltaba el aire al hablar.

—Yo mismo, yo mismo con mis propias manos acabaré con esos harapientos.

Danril decidió ir al país de los alegres y ver qué había sucedido con los dragones, con los grais y con los tres magos negros.

Marchó al anochecer con la única compañía de su odio, su tristeza y su amargura, caminó toda la noche y, al amanecer, se encontraba muy cerca del condado de los alegres. Cuando estaba llegando, comenzó a oír risas y cánticos, música y alegría y lo que vio casi le para el corazón.

Los dragones que debían haber incendiado el país, echaban fuego por la boca para encender las hogueras de los alegres y que no pasasen frío, los grais que con su gran fuerza debían haber aplastado a los alegres, les ayudaban en la construcción de sus nuevas casas para que tuviesen cómodos hogares, y los tres magos que debían emplear sus poderes para hacer el mal ahora sonreían como bobos, hacían malabares y trucos de magia ofreciendo diversión a un público entregado que les vitoreaba.

—Bravo, bravo, otro truco, otro truco de magia —gritaban extasiados los alegres.

Danril no podía respirar, tuvo que sentarse para recuperar el aliento.

—No solo son felices ellos, sino que todo el que viene a este país se transforma en alguien feliz.

De pronto, Danril se dio cuenta de que había sido descubierto.

Había dos de los habitantes del país de los alegres mirándole con una gran sonrisa y con gran amabilidad le preguntaron:

—¿Está usted bien?, está muy pálido, bienvenido a nuestra comarca, ¿podemos hacer algo por usted buen hombre?

—¡Síííííií, llevadme a ver a vuestro rey, inútiles! —contestó Danril fuera de sí.

—Bueno, con mucho gusto lo haríamos, pero aquí no hay rey, hay un consejo de sabios que toma las decisiones importantes, siempre que sean aprobadas por el pueblo —explicaron amablemente los alegres.

—¡Ehhh!, qué estupidez, bueno qué puedo esperar de estos bobalicones —decía Danril para sus adentros.

—Está bien —dijo Danril—. Llevadme con esos sabios de pacotilla.

—Con mucho gusto, querido amigo, bienvenido a nuestro país, síganos —dijeron los simpáticos alegres.

Se adentraron en el condado, Danril a punto estuvo de vomitar cuando vio a los dragones, grais y magos todos sonriendo y contentos, no había ni una cara de amargura en ese país, era todo muy raro.

En un momento Danril estuvo delante del consejo de sabios, unos ancianos bajitos, con cara simpática y ojos bondadosos.

—¡Pero si es el rey Danril! —gritó Leonor una de las mujeres del consejo de sabios—. ¿Qué podemos hacer por usted querido Danril? ¡Qué alegría verlo!

Danril ya no pudo más y comenzó a llorar, o eran muy idiotas o eran muy buenos y el que se sentía tonto ahora mismo era él.

—¡Ayyy, qué desgracia, qué desgracia… Nunca acabaré con ustedes son demasiado felices, no se dan cuenta de que venía a matarlos ayyy! —Danril lloraba como un niño.

—Pero buen Danril, ¿por qué quería hacernos daño? No le hemos hecho nada —le preguntó la buena de Leonor.

—¡Ayyy! Porque no soporto que siempre estén felices, no lo soporto, no lo soporto, ¡ayyy! —Danril dejó salir todas las lágrimas que en años había reprimido.

—Llore, llore, amigo Danril. Llorar es bueno cuando duele el corazón. Sabemos que ni usted ni los habitantes de su país son felices, pero si usted quiere podemos decirle qué hacer para estar contento como nosotros, usted como todo el mundo se merece ser feliz, no se viene a esta vida a sufrir —le dijo otro de los sabios del consejo mirando con ternura a Danril.

Yo… yo… —Danril dudaba, no se le había ocurrido, ¿por qué no ser feliz? Total, con su amargura no había conseguido gran cosa y a veces recordaba esa sensación; la de la felicidad y no podía negar que era una sensación hermosa y que la añoraba.

—Sí, me gustaría saber qué hacen ustedes para sentir alegría —dijo Danril con voz tímida.

La cara de Danril se había relajado, parecía diez años más joven y resultaba muy apuesto, ojos rasgados y negros, labios carnosos, nariz afilada de emperador griego.

Danril había sido muy infeliz y quería saber lo que era sentirse bien, en paz, con ganas de vivir.

—Mire, querido Danril, nosotros en nuestro país repetimos unas palabras mágicas y cada vez que las repetimos nos hacen sentir alegres y en paz, y además contagiamos al que está a nuestro alrededor —le explicó otro de los sabios sonriendo.

—Sí, es algo sencillo, pero muy efectivo, repita gracias o te amo, o hielo azul, o gotas de rocío, o llovizna, o fuente perfecta o llave de la luz, o índigo… y verá usted qué bien se siente —continuó otro de los sabios.

—¿Solo una repetición de unas palabras? —preguntó Danril incrédulo.

—La magia de la vida no puede verse, pero existe. La magia de la ilusión y de que todo es posible. Si usted quiere ser feliz, puede serlo, querido amigo. El repetir estas palabras que le mostramos le harán sentir dicha, paz y gozo, la naturaleza esencial de la vida es la alegría, no se conforme con menos buen Danril —dijo el sabio más anciano de los alegres hablando desde el corazón.

—Es hermoso lo que usted dice… ¿Y cuánto tiempo he de repetir esas palabras? —Danril iba estando más convencido.

—Lo que usted quiera, cuanto más repita durante el día mejor, cualquier momento es bueno, cuando vuelva a su país por el camino vaya ya repitiendo la palabra o palabras que más le gusten y verá usted que bien se siente —le explicó ahora otra de las mujeres sabias.

—¡Uyy, irse! —gritó la buena de Leonor, que era la mujer con más energía de la tierra—. Antes de irse quédese con nosotros a cenar y a bailar, ya verá qué bien se lo pasa.

—Gracias, repetiré las palabras. Y sí, me quedaré a cenar con ustedes. ¿Bailar? Jeje, ya veremos —dijo Danril, que ya empezaba a sentirse mejor, y hasta sonreía.

Y así fue como el país de los tristes desapareció por completo, ahora era un país de alegría y dicha, todo el mundo era feliz.

Danril repetía las palabras mágicas todos los días y enseñó las palabras a todos los habitantes de su país que también las repetían, Ulisais su contable, siguió con sus números pero ahora pudo cumplir su sueño de hacer cosas divertidas, no solo trabajar, era tan feliz que hacía las sumas y restas bailando y cantando.

Danril era muy feliz y siempre estaba de buen humor; seguía siendo un hombre rico y disfrutaba de ello, pero ya no estaba obsesionado con el oro, tenía muchos amigos y hasta volvió a sentir una sensación que nunca creyó que volvería; se enamoró… Ella era una hermosa mujer que le quería por su forma de ser, no por su oro, con la que tuvo una hija mitad hada, mitad niña de nombre Anyana.

—Gracias, te amo, gracias, te amo —cantaba Anyana subida en su columpio, unas de las primeras palabras que sus papás le habían enseñado cuando comenzó a hablar.

El cuento que viene a continuación está escrito por Diana M.ª Peral, una persona con un gran talento para escribir cuentos infantiles, también practica ho'oponopono tanto ella como su hijo de 4 años al que le enseñó la técnica. Comparto contigo su testimonio al practicar esta técnica ancestral hawaiana.

Los dos practicamos Ho'oponopono, a mi hijo Ernesto le gusta mucho verde esmeralda y fuente perfecta, Ernesto tiene pupas debido a la dermatitis atópica que sufre, cuando le pica mucho repite las palabras de ho'oponopono sin que yo le diga nada y se le calma el picor.

Hace unos meses estuvieron a punto de intervenirlo por un problema en uno de los testículos, no le había bajado la bolsa escrotal. Le habían hecho la ecografía y la visita a la doctora era rutinaria, un poco para confirmar que le operaban, el caso es que estuvimos los dos visitando a varios médicos dos o tres semanas seguidas y a la vez practicando ho'oponopono. Llegó la ultima revisión y bajaron tres doctoras a mirar a Ernesto —¡que yo ya me estaba asustando!—, porque estaba todo en su sitio y no les cuadraba con lo que veían en la ecografía que tenían en las manos, no había nada que operar.

Con ho'oponopono siempre hay sorpresas maravillosas… Te dejo con *La Aventura de León*.

La aventura de León

Había una vez, hace muchos muchos años, un Reino muy lejano que era muy pequeñito, casi tan pequeño como un guisante.

En este pequeño reino vivía un niño muy valiente que se llamaba León.

León sabía que el lugar donde vivía era muy pequeñito, pero lo bastante grande como para que él pudiese vivir aventuras. El problema era que la mamá de León no lo dejaba ir solo más allá del jardín de su casa, lo que hacía que nuestro niño estuviese muy enfadado con ella.

Una mañana de primavera en la que León estaba jugando en el jardín, de repente se levantó mucho viento. Aquel viento iba cargado de los deliciosos olores de la primavera, pétalos de almendro, margaritas y amapolas jugaron alrededor del niño y como por arte de magia posaron una hoja de papel vieja y arrugada en sus manos. El pequeño la agarró fuerte para que no se volara, parecía un pergamino, se apoyó en el césped y al abrirla sus grandes ojos verdes se abrieron de par en par.

¡Era un plano del Reino en el que vivía! Estaba dividido en zonas y en cada una de ellas había un punto marcado con una X y una pregunta que el niño sintió, era para él:

¿Vendrás a descubrir la Magia?

León estaba tan emocionado y excitado que saltó por encima del miedo que le podía causar desobedecer a mamá. Subió corriendo a su habitación, cogió su mochila y metió su linterna por si había monstruos en el camino y había que espantarlos con la luz; pasó por la cocina antes de que nadie le viese para coger algo de fruta y atravesó corriendo el jardín de su casa.

Abrió el mapa y vio que lo que estaba más cerca era un lugar que parecía tener una fuente. De camino León empezó a sentir miedo, era la primera vez que salía solo de casa, no sabía por qué pero empezó a sentirse pequeño, muy pequeño. ¿Y si le pasaba algo?... agarró fuerte con su manita el mapa y recordó la pregunta: «¿Vendrás a descubrir la Magia?»

Tan distraído iba que no se dio cuenta de que el camino lo había conducido a otro jardín, pero este tenía en el centro la fuente más hermosa que había visto nunca. Incluso el agua que salía de sus caños parecía brillar de un modo especial, con un mágico color verde esmeralda. El pequeño cerró los ojos y escuchó el arrullo del agua y por su naricilla entró el olor reconfortante de la tierra viva y mojada. De repente, escuchó una voz:

—Hola León, no has tardado en venir.

El niño se sobresaltó:

—¿Quién ha dicho eso? —miró a un lado y a otro y solo pudo ver una alondra.

—León, no te asustes, soy yo quien te ha hablado.

—Pero eres un pájaro, ¿cómo puedes hablar y yo entenderte?

La Alondra le sonrió con sus ojillos negros.

—He sido yo quien te ha mandado el mapa del Reino. Estábamos deseando conocerte.

—¿Quién?

El pájaro señaló con sus alas al suelo y León vio cómo de los árboles y los arbustos salían una Ardilla, un Búho y un Cervatillo. La Ardilla trepó rápidamente por el pantalón del niño y su jersey; se posó en su hombro y frotó su naricita contra su cuello haciéndole cosquillas. El Búho estaba sobre una rama y parecía hablar con su majestuosidad silenciosa y el Cervatillo le acercó su cabeza a su mano para que el niño le acariciara.

León se sentía asombrado, feliz, reconfortado y con otro sentimiento que no sabía muy bien identificar. El Búho, que lo estaba observando y podía ver en su interior le dijo:

—León, lo que estás sintiendo ahora se llama gratitud.

—¿Gratitud? —contestó el niño.

—Sí, prueba a decir la palabra «Gracias».

—Mmmm... no sé.. Gr... Gra.... ¡Gracias!

Los cuatro animales le brindaron un gesto de alegría.

—Pero, ¿por qué es especial esa palabra?, ¿por qué hace que te sientas bien?

El Búho le dijo:

—Es una palabra llena de magia, la magia de la gratitud te reconforta a ti y a lo que hay a tu alrededor.

—Pero ¿cómo puede una palabra cambiar lo que hay a mi alrededor?

—Pequeño, si en ti hay gratitud, hay alegría y paz, lo que te refleja solo puede traerte algo parecido a esos sentimientos.

—Me gusta, pero yo a veces estoy muy enfadado. Cuando las cosas no me salen como yo quiero y hasta me llega a doler la tripa.

Ahora habló la Alondra:

—Quiero pedirte un favor: cuando tengas esos enfados y esos dolores en tu tripita, acuérdate de esta Fuente Perfecta que has visitado hoy y de sus hermosas aguas verde esmeralda. Esto te traerá calma y bienestar. ¿Te acordarás de hacerlo amigo?

—Claro que sí, nunca había visto un lugar tan bonito.

El Cervatillo lo miró y le dijo:

—Pues no hemos terminado León, nuestro viaje continúa.

La Alondra y el Búho alzaron el vuelo y el Cervatillo y la Ardilla acompañaron al niño andando.

El siguiente lugar del mapa era una cueva escondida junto a una cascada. León siguió al Cervatillo dentro de la cueva y vio al fondo algo que brillaba mucho. Como le entró miedo sacó de su mochila la linterna y fue avanzando con sus nuevos amigos.

Al llegar vio que se trataba de un espejo que el agua había construido sobre la roca. El Búho le dijo:

—León, cierra los ojos y piensa en las personas que hay en tu vida que más te importan.

Así lo hizo el niño: pensó en sus abuelos, en mamá y papá, sus amiguitos del cole y la vecina que siempre le regalaba un beso y galletas.

Abrió los ojos y vio en el espejo reflejos de momentos que había pasado junto a ellos. Había escenas bonitas, pero también algunas eran feas y le entraron ganas de llorar, como cuando se enfadó con papá o con su amigo Hugo. Y entonces sintió miedo, miedo de quedarse solo.

Entonces, las imágenes volvieron a cambiar, una gran luz rosa y violeta salía del espejo y empezó a ver el corazón de todas esas personas y vio que el Amor estaba en todos ellos. El niño pensó en alto: «Lo siento», «Te amo». No sabía de dónde le habían salido esas palabras, pero se sintió mejor.

El Cervatillo volvió a acariciar con su cabeza la mano de León y le dijo:

—Esas también son palabras mágicas.

El niño se miró de nuevo en el espejo y vio cómo su imagen estaba en el centro y todos, su familia y sus amigos, formaban un Círculo de Amor alrededor de él. Ya no tenía miedo y se dio cuenta de que sin miedo, solo quedaba el Amor.

La Ardilla le dijo que quedaba un lugar por visitar, salieron de la gruta siguiendo un camino estrecho y este los condujo a otro jardín con tantas flores y de tantos colores que León no podía parar de dar saltitos intentando coger una de cada para llevarle un ramo a su madre.

Su amiga le señaló un árbol que parecía distinto a los demás, con un tronco muy alto y las ramas vencidas y con unas pequeñas y brillantes hojas. La Ardilla le dijo que allí había un regalo para él. León apartó las ramas y vio a los pies del árbol un montón de fresas. Nunca había visto unas fresas tan rojas y bonitas. Comió una y comenzó a reír a carcajadas, ¡estaban buenísimas!

—Anda León, guárdate unas pocas para el viaje de regreso a casa.

—Gracias amigos —dijo el pequeño. El Cervatillo le indicó que se subiera a su lomo y lo llevó hasta su casa. Allí se despidió de ellos, sintiéndose feliz y de nuevo valiente. Cuando atravesaba el jardín de su casa, apareció su mamá.

—León, ¿dónde estabas? Estábamos muy preocupados.

—Mamá, es que si te lo cuento a lo mejor no me crees.

—Prueba a explicármelo hijo.

—Encontré un mapa que me llevó a unos animales que me hablaban y ellos me enseñaron unos sitios mágicos que me han enseñado el poder del Amor y la Gratitud. Y también he aprendido unas palabras mágicas: «Fuente perfecta», «Verde esmeralda», «Gracias», «Lo siento», «Te amo…».

Su madre no parecía enfadada y esto sorprendió más aún a León. Se agachó para ponerse a su altura y lo abrazó:

—Me alegra que estés de vuelta y que hayas descubierto cosas tan importantes. Y me alegra saber que has sido lo suficientemente valiente como para vivir esa aventura.

Cuando iban de camino al interior de la casa, la Alondra voló sobre ellos y León no estaba seguro, pero le pareció que su mamá y el pequeño pájaro se guiñaban un ojo.

DIANA M.ª PERAL NÚÑEZ

Una vez que hayas leído cada cuento vuelve a repetirle al niño que es bueno para él practicar ho'oponopono cuando esté triste, tenga miedo, esté enfadado, preocupado, cuando tenga algún problema... Hazle saber que, como a los protagonistas de los cuentos, esas palabras le pueden ayudar en muchas situaciones, y que al repetir las palabras mágicas puede recibir muchas sorpresas hermosas en su vida.

Es importante que recuerdes la frase del principio:

Si está en tu camino, el cielo te lo traerá y si no te lo trae es que hay algo mejor para ti.

Esta frase hará entender al niño que con ho'oponopono no se trata de pedir deseos concretos, se trata de abrirse a la magia de la vida, al campo de infinitas posibilidades y dejar los problemas en manos de la Divinidad, del cielo... (como quieras explicárselo al niño) para que le traiga la solución adecuada.

Aconseja al niño que practique las palabras de ho'oponopono antes de dormir, así se ira grabando la repetición de las palabras en su mente subconsciente y el acordarse de practicar le costará menos esfuerzo

Muéstrale todas las palabras de la técnica que hemos ido viendo en los cuentos y pregúntale qué palabra o palabras le gustan más y que el niño elija según sus gustos qué palabra repetir.

Y recuerda que la mejor forma de que un niño practique ho'oponopono es que lo vea hacer a sus padres. Los hijos son el fiel reflejo de sus padres y aprenden por imitación; si lo ve hacer a sus padres, o al menos a uno de los dos, el niño también repetirá las palabras de forma natural.

Otras formas de enseñar ho'oponopono a los niños

El juego de ho'oponopono

Una madre me contó un juego que practica con sus tres hijos, juegan a decir en voz alta palabras de ho'oponopono:

¡Fuente perfecta! ¡Llovizna! ¡Hielo azul! ¡Yo soy el yo!!

Quien se sabe más palabras tiene un premio, una forma divertida de que los niños integren la repetición de las palabras de ho'oponopono en su día a día.

Canción ho'oponopono

Recuerdo otra madre que compuso con su hija de 5 años una canción. Unieron distintas frases con las palabras de ho'oponopono y todos los días cantaban un poquito.

Cartulinas de colores

También ayudará para niños que ya sepan leer, ver esas palabras escritas en cartulinas de colores y colocadas en algún sitio visible para ellos como puede ser su habitación.

Todas estas pautas hay que llevarlas a cabo desde el juego y no imponiendo nada a los niños para no obtener el resultado contrario: aversión a las palabras.

Los niños son sabios, ellos saben lo que les va bien y seguro que van a practicar ho'oponopono.

A medida que el niño al que enseñas las palabras de ho'oponopono vaya practicando y, según sea su edad, puedes ir transmitiendo al niño la filosofía de vida integrada en esta técnica; 100 por cien responsabilidad, aceptación, desapego, fluir con la vida, pensamiento positivo… son conceptos que sin duda le ayudarán en su vida y mucho.

4

Tu niño interior

En mi casa he reunido juguetes pequeños y grandes, sin los cuales no podría vivir. El niño que no juega no es niño, pero el hombre que no juega perdió para siempre al niño que vivía en él y que le hará mucha falta.

PABLO NERUDA

Hay un niño dentro de ti, siempre lo ha habido, pero se siente solo y abandonado...

Ese niño está esperando que le des la bienvenida, que lo acojas en tus brazos y le des tu amor, tu comprensión y tu apoyo incondicional, que le ayudes a sanar las heridas del pasado y que le expliques cómo son las cosas realmente, que lo escuches cuando trata de decirte algo, que lo aceptes tal y como es, que tengas paciencia cuando se encierra en sí mismo, que le des un abrazo cuando se siente solo, que le consueles cuando se siente triste.

Hay un niño interior divino y mágico dentro de ti y has de aprender a cuidarlo, es el camino más directo a sentirte pleno y lleno de amor.

Iremos viendo todos los aspectos que están integrados en el concepto del niño interior, hay uno primordial, *el niño interior representa nuestra infancia.* Todo lo que nos ha sucedido en nuestra infancia, seamos conscientes o no, nos deja huella, nos marca y nos condiciona, nuestras experiencias de la niñez condicionan nuestro presente.

Pocas personas han tenido una infancia completamente feliz, es muy difícil ver satisfechas todas nuestras necesidades de amor, de comprensión, de aceptación, querernos tal cual éramos y no intentar cambiarnos y hacernos perder nuestra esencia, que tuviéramos unos padres que nos ayudasen a manejar las emociones de miedo, ansiedad, que nos respetasen como personas... Si estas necesidades no fueron satisfechas, tu niño interior se quedó herido.

En mi caso, cuando yo era niña, me faltó amor y atención, sentirme vista, la primera vez que ví a mi niña interior a través de la visualización (la imagen que has de buscar siempre eres tú mismo de pequeño) la vi muy sola, andando por un pasillo, triste y sin rumbo, reconozco que me impactó.

En mis cursos de ho'oponopono hacemos una visualización del niño interior y siempre ocurre que alguna persona, al visualizarse a sí mismo de niño, ve a ese niñito que un día fue: solo, triste, abandonado, herido... Y la persona no puede evitar llorar, lo cual es positivo como veremos más adelante, porque *nos curaremos de forma natural solo con que se nos permita afligirnos* y normalmente siempre hay algo por lo que llorar en nuestras infancias.

No quiero decir con esto que hayamos tenido necesariamente una infancia horrible, o que nuestros padres fuesen malos; simplemente ellos no sabían hacerlo mejor o, dicho de otra forma, hacían lo que podían teniendo en cuenta que en ellos también había un niño interior herido. No es culpa de nadie, incluso se dice que elegimos a nuestros padres y yo así lo creo, porque con ellos comienza el aprendizaje que es el objetivo para el que hemos venido a este plano. A aprender, evolucionar y ascender en esta escuela que es la vida.

Aun así no puedo dejar de estremecerme cuando en los cursos que imparto sobre la sanación del niño interior, veo tantos malos tratos, abandonos y abusos sexuales en la niñez y por supuesto esto se refleja en diversos bloqueos emocionales en la vida adulta, este adulto tendrá que sanar su infancia a través de su niño interior si no los fantasmas del pasado volverán una y otra vez, una y otra vez...

La infancia es la base y no se puede escapar a ella, hay que afrontarla y sanarla; por supuesto, la infancia por difícil que haya podido ser, no acarrea forzosamente un destino fatal, no todas las personas que sufrieron una infancia complicada se ven aquejadas por algún padecimiento psíquico. De hecho, como algo positivo hay que tener en cuenta que de una infancia difícil suele nacer una especial fuerza en la persona, pero sí es cierto que todos debemos hacer un trabajo con nuestro niño interior desde el amor. Es imprescindible para sentirnos plenos, el amor es la fuerza que cura.

Veamos una definición de niño interior:

El niño interior es nuestro potencial innato de exploración, admiración y creatividad, fuente de regeneración y de nueva vitalidad, de alegría y de ganas de vivir.

El niño interior maravilloso aparece cuando ríes a carcajadas, cuando eres creativo y espontáneo, cuando haces cosas que amas, cuando te admiras ante un paisaje maravilloso...

> *La voz del niño es fundamental en el proceso de llegar a ser nosotros mismos.*

Nuestro niño interior contiene nuestros sentimientos, nuestros recuerdos y nuestras vivencias de la infancia.

Es nuestro Yo Esencial más nuestro Yo herido.

YO ESENCIAL (esa parte nuestra verdadera que se ha quedado tras la máscara que todos nos ponemos para salir a la calle y que es nuestra personalidad).

YO HERIDO (parte que se ha quedado sin recibir lo necesario para crecer adecuadamente).

La esencia del YO ESENCIAL es *amor frente a miedo,* la esencia del YO HERIDO, *miedo frente a amor,* el trabajo de recuperación del niño interior tiene como objetivo ser capaz de vivir desde el amor, desde tu yo verdadero y no desde el miedo, desde tu falso yo.

Yo esencial

El yo esencial es la verdadera esencia del Ser, imagina a un niño luminoso y radiante con talentos únicos, el yo esencial es nuestra sabiduría natural y nuestra intuición, nuestra curiosidad y nuestra capacidad de asombro ante las maravillas de la vida, nuestro carácter juguetón, nuestra espontaneidad y nuestra capacidad de amar.

El yo esencial es el lado ileso del Alma, nunca fue tocado por cualquier tipo de maltrato que hayamos sufrido, porque en ese momento el yo esencial se ocultó y ahora espera ser rescatado por ti a través de un proceso de curación. Y es posible conseguir la total curación de esa parte hermosa de cada uno de nosotros, con el trabajo de conexión con tu niño interior podrás recuperar tu yo esencial, podrás ser quien realmente eres; AMOR.

La esencia es algo que por desgracia vamos perdiendo por el camino ya desde nuestra niñez.

Niña no te rías tanto que pareces tonta.»

Basta con esta frase dicha de una madre o un padre hacia su hija para que la niña deje de reírse y a partir de ese momento adopte una actitud seria y excesivamente formal, que continuará en su vida adulta. Al fin y al cabo, cuando somos niños, nuestros padres son nuestros dos dioses y haremos todo lo que esté en nuestras manos para que nos quieran y acepten, perderemos la esencia tantas veces como sea necesario, por encima de todo cuando somos niños queremos que nuestros padres nos acepten y nos quieran.

Yo herido

El yo herido es el lado herido del alma, es el aspecto que puede haber sufrido de maltrato físico o sexual, de falta de amor y lleva consigo todos los miedos y falsas creencias que han acarreado estas experiencias, el yo herido puede usar las comidas, las drogas o el alcohol para adormilar el miedo y la soledad, el yo herido intenta controlar el obtener amor para así parar su sensación de dolor y soledad... Hemos de sanar esa parte nuestra a través de la conexión con el niño interior dándole a ese niño mucho amor y comprensión.

El niño interior es la emoción

El niño interior son nuestras emociones, a través de las emociones habla el niño, todo aquello que afecta al niño interior en realidad es lo que sentimos nosotros. Si tu niño interior está llorando de tristeza, tú eres quien se siente triste. Si tu niño interior llora por falta de amor, sin duda eres tú quien se siente con falta de amor por parte de los demás, y cuando compensemos esas carencias que nuestro niño interior tiene es cuando dejaremos a un lado los sentimientos de tristeza o falta de cariño, hay que ir a la emoción y sanarla por tanto hay que ir al niño interior que representa nuestras emociones.

Si realmente quieres disfrutar del amor, de la amistad de un trabajo que te guste realizar, de prosperidad, de buena salud, no busques fuera, porque es buscar en el sitio equivocado, busca dentro de ti y haz las paces con tu niño interior.

Reacciones de niño herido

Cuando se detiene el desarrollo de un niño, cuando se reprimen los sentimientos, sobre todo de rabia y dolor, una persona llega a adulto con un niño enfadado y dolido dentro de él.

Este niño contaminará de forma inconsciente el comportamiento de la persona adulta.

> *Se reacciona con intensa emoción ante algo que en realidad es trivial; se responde a lo que no existe en el exterior, porque está en el interior.*

¿Te ha sucedido en alguna ocasión tener una reacción exagerada y fuera de lugar ante algo que no tenía tanta importancia?

Recuerdo que un joven asistente a mis cursos me comentó que le sucedía algo muy extraño con uno de sus socios, el cual era una persona muy autoritaria y de mal talante. Lo que extrañaba al joven es que en vez de hacerse respetar ante los gritos y malas formas de su compañero, se sentía totalmente bloqueado y guardaba silencio, siendo incapaz de establecer límites.

Esto es así, porque hay ocasiones en que algo que sucede hoy nos despierta al niño que fuimos ayer, esta persona autoritaria llevaba a este joven hasta el recuerdo de su propio padre y se quedaba bloqueado igual que le sucedía en su niñez, ya que, si le llevaba la contraria a su padre, lo mínimo que iba a recibir era una buena bofetada.

Otro ejemplo muy común es que una persona con un padre, madre, con una adicción como el alcohol cuando vea a otra persona ebria puede reaccionar con exagerado desagrado, ya que no ve a esa persona, ve a su padre/madre.

A veces tenemos una pataleta de niño pequeño y no sabemos por qué, y es debido a que nuestro niño interior herido toma las riendas en vez de nuestro adulto.

> *La parte de nuestra psique que se aflige y sufre es la que contiene a nuestro Niño Interior.*

Necesitábamos saber que importábamos, que se nos tomaba en serio, y que se aceptaba y amaba cada una de nuestras facetas, que podíamos contar con el amor de nuestros mayores. Si no hemos satisfecho estas necesidades nuestro niño se quedó herido, el niño contamina entonces al adulto con un anhelo insaciable de amor, atención y afecto, no importa cuánto amor recibas siempre será insuficiente.

Ejemplos de actitudes de adulto con un niño herido

—Les decepciona una relación tras otra, porque ninguna persona llena el vacío. Al fin y al cabo ese vacío solo lo puedes llenar queriéndote a ti mismo.

—Se vuelven adictos al alcohol, las drogas, el trabajo, las compras, la televisión… Cualquier cosa por evitar sentir su dolor.

—Buscan dinero y bienes materiales que les hagan sentir importantes, actuando bajo la falsa creencia de que quizá así reciben el amor, el respeto y la aprobación de los demás, el que no obtuvieron en su infancia.

—Necesitan constantemente la adulación.

—Tratan de conseguir de sus hijos el amor y admiración que no pudieron obtener de sus propios padres.

¿Te identificas con alguna de estas conductas de niño herido?

Si es así, escríbela; solo el tomar conciencia te irá liberando de ese tipo de conductas.

Si te sientes vacío, solo, deprimido… llenar ese vacío con comida, bienes materiales, la adulación externa… no conseguirá resultados; mira en tu interior, *llena tu vacío amando a tu niño interior.*

Tu papel como adulto amoroso

En todo el proceso de conexión y sanación con el niño interior es necesario que haya un adulto amoroso que sostenga el proceso, un adulto que cree con su niño interior un campo de amor y de apoyo, que escuche a su niño, que lo nutra, que esté atento a sus deseos y necesidades, el adulto amoroso quiere aprender de su niño interior, no protegerse de él.

El adulto amoroso está comprometido a repaternizar a su niño interior, tiene el suficiente valor para mirar dentro de sí mismo, para conocerse a sí mismo, para sentir dolor como parte de la sanación.

Acciones de adulto amoroso

Se responsabiliza de sus propios sentimientos de dolor, alegría y seguridad.

Escucha al niño interior, acoge al niño herido con su emoción y la acepta tal y como es.

El adulto ama, acepta, respeta y valora a su niño interior, también pone límites al niño si es necesario. *Se trata de dar un lugar en nuestra vida a nuestro niño interior no que el niño interno tome el control.*

Hay personalidades donde se ve claramente que no hay una figura de adulto que guíe al niño, el niño interior ha tomado el control, son personas con muchas dificultades para asumir responsabilidades, no desarrollan una identidad que podamos llamar propia, pasan de meter la pata aquí a hacerlo allá, van de una pareja a otra en cuanto hacen aparición las primeras dificultades... Las personas muy identificadas con su niño interior carecen de toda continuidad, son incapaces de dirigir su propia vida y no se comprometen con nada ni con nadie.

Dale un espacio en tu vida a tu niño interior, pero siendo consciente de que tu niño interno, como todos los niños, necesita límites.

Abrazar el dolor

El primer paso es ayudar a que tu niño interior lamente que no se hayan satisfecho las necesidades de las que dependía su desarrollo.

Las emociones reprimidas son destructivas.

Has de ser capaz de escuchar la rabia y la tristeza de tu niño, abrazar el dolor y tras este proceso festejar la vida con tu niño interno de forma más alegre y divertida.

> *Nos curaremos de forma natural solo con que se nos permita afligirnos.*

Nuestro niño tiene buenas razones para sentirse como se siente; respétalo, respeta su dolor.

Muchas veces percibo en mis cursos que muchas personas se sienten incómodas cuando al visualizar ven a su niño interior triste, enfadado… y por tanto evitan cualquier contacto con su niño. Para estas personas el niño interior es un estorbo; esto no hará sino empeorar la tristeza o el enfado de su niño interno;

por tanto, el suyo, *si tu niño interior está triste o enfadado, tú estás triste o enfadado, esconderte solo empeorará el problema.*

Tienes que ser capaz de abrazar el dolor de tu niño interior con comprensión, ser ese adulto amoroso, aunque al principio pueda resultar incómodo, es la manera de sanar a ese niño, de sanarte a ti, has de adoptar una actitud cariñosa de esta forma tu niño interior florecerá y desarrollará sus dimensiones positivas.

> *Cuando no escuchamos al niño que llevamos dentro, somos como padres que no escuchan a sus hijos.*

Hay un ejemplo a la hora de entender cómo cuidar a tu niño interior que me gusta plantear en mis cursos. Imagina que adoptas a un niño de unos 5 años, es un niño que lo ha pasado un poco mal, se siente triste, a veces llora, se enfada, se encierra en sí mismo…

¿Qué harías?

¿Ignorarlo?

No, lo intentarías comprender, le darías amor, jugarías con él, y tendrías paciencia. Esto es el trabajo con tu niño interior, lo que has de hacer, nada como el amor para curar las viejas heridas.

Recuerda que tu niño interior tiene buenas razones para sentirte como se siente, pudo ser un niño ignorado, maltratado, abandonado… o aunque tuvieras una buena infancia, sientes que te hubiera gustado recibir más amor, más atención, más comprensión. La realidad es que a todos o a casi todos nos ha faltado amor y atención en la infancia, deja a tu niño que se lamente por ello.

Padres

Mucho de lo que te han dicho que era una educación justa era en realidad un abuso, pudiste ser avergonzado, ignorado y utilizado por tus padres y tienes que aceptar el hecho de que esas cosas hirieron tu alma.

Vínculo de fantasía: todos los niños idealizan a sus padres, el niño puede pensar que él es el responsable del maltrato:

«Me pegan porque soy malo, me chillan por ser desobediente». «Es por mí, ellos son buenos».

Esta idealización es la base de la defensa del ego y debe borrarse. Tus padres no eran malos, ellos mismos eran niños heridos, pero hubo comportamientos que pudieron herirte. Asúmelo, no idealices tu infancia.

Incluso en muchas ocasiones, cuando somos adultos, nos damos cuenta de que nuestros padres no pudieron hacerlo mejor. Los entendemos perfectamente, aunque eso no impide que nos hicieran daño inconscientemente.

Eras un niño, no un adulto, cosas que ahora comprendes entonces no las comprendiste, y cualquier cosa hace daño a un niño, un mal gesto, poca atención, gritos...

Recuerdo el caso de una mujer que creía que su madre no la había querido nunca. Esta creencia la había captado en la infancia, porque su madre tenía que sacar a la familia adelante y cuidar de un marido enfermo, no tenía apenas tiempo para dedicarlo a su hija, la niña captó esta desatención justificable y entendible para un adulto, pero no para una niña y esto hirió su alma.

Por mucho que ahora comprendamos a nuestros padres esta energía dolorosa se ha quedado retenida. Hay que sanarla.

Haz una reflexión importante; *elegimos a nuestros padres antes de venir a este plano, es con ellos con quien comienza nuestro aprendizaje, a veces un aprendizaje duro, pero elegido para que nuestra alma evolucione, y también para ser capaces de sanar, no para estar toda la vida lamentándonos de lo que pasó.*

Haz el trabajo con el niño interior y suelta el pasado, es el mejor favor que puedes hacerte.

Cuidadores-Tomadores

Cuando hablamos de autoestima dentro del concepto de niño interior, hablamos de dos patrones, los cuidadores y los tomadores, normalmente uno de los dos es el que predomina en las personas, aunque según con quien nos relacionamos podemos ir alternando uno u otro patrón de conducta.

En los dos casos el amor está mal entendido.

> *El amor comienza en ti, a ti. A no ser que te ames a ti no podrás amar a nadie. Lo que no tienes no lo puedes dar.*

Pero tendemos a poner nuestra atención en los demás todo el tiempo; ¿Qué dirán?, ¿Qué pensarán de mi?, ¿Les he agradado? ¿Les caigo bien?, ¿Si hago esto o lo otro me querrá más?...

Si pones tu atención en los demás, no la pondrás en ti, al no ponerla en ti y ponerla en otro, incluso llegarás a crearte enfermedad, dolor y sufrimiento para llamar la atención de los demás.

No te estás amando a ti, y si no te amas a ti a nadie puedes amar.

Cuidadores falsas creencias

—Yo soy el responsable de los sentimientos de los demás.

—Depende de mí hacer que la gente que me importa sea feliz.

—Si me responsabilizo de mi propia felicidad en lugar de la de los otros, soy una persona egoísta.

El cuidador se hace cargo de los niños interiores de todo el mundo y olvida el suyo.

Tomadores falsas creencias.

—Yo no puedo cuidar de mí mismo, necesito que alguien cuide de mí.

—Cuando estoy dolido o enfadado, es por culpa de alguien, los demás me hacen sentir triste, enfadado, feliz, frustrado, apagado o deprimido, él/ella es el responsable de hacerme sentir mejor.

—Los demás son egoístas si hacen lo que quieren en lugar de lo que yo necesito.

El tomador cede el cuidado de su niño interior a una persona con la que mantiene una relación de dependencia emocional, pero nadie puede cuidar a tu niño interno por ti.

El cuidador se deja invadir continuamente buscando la aprobación y el amor fuera, el tomador es el invasor que implora el amor porque no sabe cómo amarse a sí mismo.

En los dos casos se intenta llenar un vacío que nadie puede llenar salvo tú mismo.

Toma conciencia de con qué patrón te identificas más, el tomar conciencia hará que vayas alejándote de esa conducta nada amorosa.

Y comienza a amar a tu niño, porque cuanto más profundamente aprendas a amar a tu niño interior más sentirás un amor propio elevado, una sana autoestima.

Contactar con tu niño interior

Vamos ahora a ver cómo realizar el trabajo de conexión con tu niño interior y cómo comenzar a sanarlo.

Fotografía de tu infancia

Busca una fotografía tuya de cuando eras niño. Mira la foto. ¿Ves a un niño desgraciado? ¿Ves a un niño feliz? Veas lo que veas, comunícate con él. Si ves a un niño asustado, haz algo para tranquilizarlo.

Dile afirmaciones en voz alta de este tipo:

—*Quiero cuidar de ti y estoy preparado para ello.*
—*Nunca ha habido en el mundo otro niño/a como tú.*
—*No te dejaré por ninguna razón.*
—*Te daré todo el tiempo que necesites para que consigas satisfacer tus necesidades.*
—*Tienes derecho a sentirte triste, enfurecido. Te respeto y te ayudaré a sentirte feliz.*

Visualización

Busca un momento relajado en el que no haya distracciones externas. Ponte música tranquila, cierra los ojos y busca la imagen de ti mismo cuando eras pequeño, no importa la edad que tengas en esa imagen, incluso a veces puedes ver a tu niño interior con distinta edad en las diferentes ocasiones que lo visualizas, es algo normal.

Lo que has de hacer en la visualización con tu niño interior.

ABRAZARLE, MIMARLE, JUGAR... decirle que lo quieres, que es maravilloso, jugar, bailar, lo que te nazca hacer.

O simplemente, imagina que fuese posible estar sentado delante del niño que eras cuando tenías cinco años y mírale a los ojos. Para lograrlo es tan sencillo como verte sentado en el suelo frente a ese niño. Ya estaríamos cambiando algo: nuestra actitud, la balanza de nuestro ego y nuestra humildad. Y realmente se empieza así, sentándote frente a ese niño.

¿Qué podemos trabajar a través de la visualización?

Una vez empezamos a conectar con nuestro niño interior, a ver esa imagen nuestra en edad infantil, podemos trabajar muchos conceptos a través de la visualización, es importante aclarar que a medida que vas contactando con tu niño interior este cada vez se abrirá más a ti y tu niño te hablará, no se quedará todo en gestos o juegos, pero este proceso suele llevar un tiempo.

Puede ocurrir que visualices y tu niño interior esté muy cerrado, veas un niño enfadado, desconfiado... sigue visitándole en la visualización con constancia, dale amor, dedícale frases cariñosas, hazle regalitos que le gusten y paciencia, dale un tiempo hasta que tu niño esté preparado para abrirse a ti e incluso podáis dialogar.

Veamos pues, qué trabajo hacer con nuestro niño interno a través de la visualización.

Autoestima

Cada vez que nos sintamos bajos de estima es un excelente recurso para subirla al instante visualizar a nuestro niño interior y darle amor, un simple abrazo a tu niño interno te hará sentir mejor, también decirle frases positivas: «Te quiero tal como eres», «Eres un niño maravilloso», etc.

Emociones negativas

Es un gran recurso contactar con tu niño interior cuando sientas alguna emoción negativa; tristeza, miedo, etc.

Una vez lo encuentres podrás hablar con él y preguntarle directamente qué es lo que le ocurre y por qué se siente de esa forma. Quizás tu niño interior solo necesite un abrazo por parte de ti o bien un tiempo para poder jugar o que lo consueles con cariño y paciencia.

El niño interior es la emoción, no lo olvides, si te sientes triste y visitas a tu niño interior lo verás triste, pero desde esa conexión, tú, como adulto, y él ,como niño podrás sanar su tristeza y por tanto la tuya, verás cómo tu estado de ánimo cambia al momento.

La sabiduría del niño

Cuando no sepas lo que ocurre en tu vida, tengas dudas sobre alguna cuestión que te preocupa, alguna relación personal, etc., lo primero que debes hacer es visitar a tu niño interior, tu niño te dirá cómo se siente respecto a esa persona o situación...

Imagina que llevas un tiempo sintiéndote agobiado, de mal humor, estresado, quizás has estado trabajando demasiado y tu niño interior te hace saber que se siente cansado de tanto trabajar y necesita descansar.

Te está mostrando algo en tu vida que necesitas cambiar, recuerda que es importante que haya un equilibrio en tu vida entre niño y adulto, entre trabajo y diversión.

Jugar con tu niño interior en la visualización le ayudará, el subconsciente no distingue cuando visualizas si eso es real o imaginado, pero además haz el firme propósito en tu vida de trabajar menos y divertirte más, y siempre que te comprometas a algo con tu niño interior no solo se lo prometas, cúmplelo.

Estar en conexión con nuestro niño interior nos hace saber qué pasa en cada momento en nuestra vida, nuestros sentimientos, lo que funciona, lo que hay que cambiar para sentirnos felices y plenos, pero si lo identificas a través de las demandas de tu niño interno y no haces nada al respecto para cambiarlo no sirve absolutamente para nada.

Si en el ejemplo anterior sigues trabajando sin descanso y no dedicas un tiempo a divertirte, por mucho que le digas lo contrario a tu niño interior, que vas a divertirte, a trabajar menos... todo se queda en mera palabrería, tu niño sigue triste, tú sigues triste.

Hay una frase cuando se trabaja con el niño interior muy significativa:

Antes pierdo a la otra persona que perderme a mí mismo, pero para esto hay que ser valiente.

Recuerdo el caso de una joven que siempre que conectaba con su niña interior la petición era la misma; su niña no se sentía querida ni respetada por la pareja de esta joven, a su niña interior le incomodaba y desagradaba la compañía de esta persona porque se sentía infravalorada.

Esto es algo que la adulta sabía que era cierto, pero no tenía el valor suficiente para divorciarse por sus hijos y por el miedo a estar sola, se sentía triste, amargada, pero no se decidía a llevar a cabo una acción y la sensación de tristeza y amargura seguía, por lo cual su niña seguía triste y amargada.

Tu niño interior no miente, es la emoción y nos da claridad sobre todo lo que está pasando pero de ti dependerá llevar a cabo la acción oportuna que te libere del dolor.

Deseos y necesidades

Qué le apetece hacer a tu niño/a, quizá un nuevo *hobby*, ver más a los amigos… Pregúntale.

Sanar la infancia

Puedes abordar el tema de tu infancia con tu niño, déjale expresarse; aunque llore, se enfade… tú como adulto amoroso estás ahí para escucharle y ayudarle a soltar las emociones negativas, aunque pueda resultar incómodo es el único camino;

Por ejemplo, dile a tu niño interior:

¿Qué te dolió de pequeño, qué te falto?

Creencias falsas

Por ejemplo, tienes un patrón de perfeccionismo, tu creencia falsa es que si cometes un error perderás el respeto y amor de los demás.

Explícale a tu niño interior que aunque cometa mil errores que es normal y tú siempre lo querrás, no son errores, es aprendizaje y es necesario, tu niño interior no va a dejar de ser maravilloso por cometer algún error tú lo quieres por quien es y siempre lo querrás.

Piensa que es un niño de verdad con el que hablas, es sentido común.

Explícale cómo son las cosas realmente y no las creencias que el niño captó de pequeño.

Lenguaje escrito

Otra forma de hablar con tu niño es el diálogo escrito.

Pregunta con tu mano dominante (adulto).

Responde con tu mano no dominante (niño).

Puedes utilizar dos colores diferentes.

Conductas amorosas durante el diálogo

Desvía la atención hacia tu cuerpo, respira desde el abdomen y centra ahí tu atención, las respuestas saldrán de lo más profundo de ti, no de tu cabeza.

Pregunta con la intención de aprender, no juzgar o tener la razón.

Escucha atentamente, y con amor, si no tu niño lo percibirá.

Permite que tu niño exprese su ira, que llore… reconfórtale.
Explora las falsas creencias que están causando ese dolor.
Realiza afirmaciones amorosas.

¿Qué podemos trabajar en el diálogo escrito?
Exactamente lo mismo que en la visualización:

Sentimientos dolorosos

¿Cómo te sientes?
¿Qué quieres o necesitas ahora mismo?
¿Te estoy abandonando de algún modo? ¿Cómo?
¿Te estoy juzgando, controlando?
Sé que estás enfadado, me gustaría oír tu enfado.
¿Sientes dolor ahora mismo?

La sabiduría del niño

¿Cómo te sientes en cuanto a… (persona situación)?

La infancia

Quiero saber lo que recuerdas de tu pasado, tus recuerdos
son importantes para mí y quiero ayudarte a sanar el dolor de
tu corazón.

Deseos y necesidades

¿Qué quieres hacer este fin de semana?

¿Qué deporte te gusta más?

¿Qué te gustaría hacer que no has hecho nunca, aprender a cantar? ¿Hacer submarinismo, aprender a pintar…?

Es importante seguir unas pautas para que el diálogo esté bien realizado, veamos unos ejemplos:

Ejemplo de diálogo, ADULTO AMOROSO.(Diálogo correcto)

ADULTO: ¿Cómo te sientes hoy?

NIÑO: Triste.

ADULTO: ¿Qué te ocurre pequeño?

NIÑO: Estoy cansado, y aburrido, muy triste. Nunca hacemos nada para divertirnos; solo trabajar y trabajar. No tengo ganas de nada, quiero encerrarme en un armario.

ADULTO: Te entiendo y respeto que te sientas así, tienes razón; hemos trabajado demasiado este tiempo, siento que estés triste.

¿Cariño, cómo podría ayudarte a sentirte mejor?

NIÑO: Vamos a un lugar bonito a pasear, a jugar y a dormir.

ADULTO: Bien, suena muy bien, a ver qué te parece, voy a cogerme un día libre esta semana, el miércoles, para disfrutar contigo, nos iremos al parque a pasear, nos tomaremos un helado de tu sabor favorito, y veremos a Oriol que sé que te gusta estar con él. (Llegas a un acuerdo)

¿Te parece buena idea?

NIÑO: Bueno… (aún tiene dudas)

ADULTO: A partir de ahora voy a buscar más tiempo libre para jugar, reír y hacer lo que nos gusta. Confía en mí, es cierto que he trabajado demasiado y te he tenido desatendido, perdóname, voy a estar más atento a ti, voy a pasar más días contigo, no solo el miércoles, buscaré muchos momentos para estar juntos, seguiré trabajando porque es algo que he de hacer, necesitamos una seguridad económica (pone límites al niño), pero te cuidaré más, quiero que estés bien y seas feliz. Eres un niño maravilloso y te quiero mucho. (Te comprometes a hacer una acción que has de cumplir para ganarte la confianza de tu niño.)

NIÑO: Gracias, me siento mejor.

Ejemplo diálogo desde niño adulto (incorrecto)

NIÑO: Me siento triste, trabajas demasiado.

ADULTO: Sí, pero tengo que trabajar, necesitamos dinero (justificación y se pone a la defensiva).

Ya tendremos tiempo para disfrutar, hay tiempo para todo. Tú tranquilo.

(Ignora la tristeza del niño, su propia tristeza, y no asume la responsabilidad como adulto amoroso de realizar una acción amorosa hacia su niño, el niño lo detecta y sigue triste.)

Acción amorosa

Recuerda, es clave llevar a cabo una acción amorosa hacia tu niño interior. Poniendo límites desde el amor, llegando a un acuerdo provechoso para ti y tu niño interior. Si no, todo se queda en mera palabrería.

A veces las personas evitan enfrentarse a un conflicto interior asumiendo que ya saben lo que siente y lo que desea su niño, evitan cualquier comunicación con su niño interno y así se evitan el conflicto interior, pero no se puede evitar eternamente; con el tiempo el niño actuará causando enfermedades y depresiones.

Si apartamos a un lado a nuestro niño interior cada vez que haga aparición, él se volverá cada vez más criticón e insistente o se resignará y desaparecerá momentáneamente, pero solo para volver a colarse por una puerta falsa, por ejemplo la de la enfermedad. El yo herido es la parte que boicotea nuestro ser adulto, y suele salir sobre todo en las relaciones de pareja y en el trabajo, donde nos enganchamos con esas heridas pasadas.

Escucha a tu niño interior, hazlo con mimo y atención. Obtendrás muchas recompensas, si así lo haces.

Lleva a tu niño al día a día

Diviértete

No solo a través de la visualización y el diálogo escrito te ocupas de tu niño interior, incluir ciertas pautas en tu día a día también te hará cuidar de forma sana y amorosa a ese niño.

Tu niño interior, tu parte infantil, tiene deseos y necesidades, sí; eres adulto y tienes obligaciones, pero también puedes dedicar un tiempo a divertirte, a hacer cosas que te gusten; busca ese equilibrio entre adulto y niño. Por supuesto, no se trata de que tu niño tome el control y te vuelvas un adulto irresponsable, simplemente un equilibrio sano.

Cuando dejamos de ver la vida tan «formalmente», logramos relajarnos y volver a ser como niños; aparece nuestra creatividad y espontaneidad. La vida no es tan seria como creemos que lo es, y cuando reconocemos este hecho, nos da más oportunidades de seguir jugando.

Haz cosas que te diviertan, cómprate un pastel de vez en cuando, salta por la calle, vete a un parque de atracciones, lo que te apetezca, sé espontáneo... Piensa qué te gustaría hacer que ahora mismo no haces, quizá pintar, cantar, bailar... escucha a tu niño y DIVIÉRTETE.

El niño es la diversión. Diviértete todo lo que puedas, aún con actividades que te puedan parecer aburridas pregúntate:

¿Aquí cómo podría yo divertirme? Seguro que encuentras el camino. ¡Sonríe a la vida, vive con pasión, quiérete!

Necesitamos divertirnos para recuperarnos del desgaste emocional y psicológico y aumentar nuestra salud y bienestar general.

¿Por qué dejamos de divertirnos?

Es triste darnos cuenta de que cada vez se vuelve más difícil divertirse.

Esto se debe, en parte, a las grandes presiones y múltiples actividades que tenemos, casi no nos queda tiempo libre para divertirnos y cuando lo tenemos, estamos muy cansados.

Tenemos muchas ideas erróneas sobre la diversión, muchas de esas creencias las captamos en la infancia, veíamos a nuestros padres solo trabajar y trabajar y la diversión estaba vista como holgazanería, como una perdida de tiempo.

¿Cuándo fue la última vez que te divertiste?

¡DIVIÉRTETE!

Hazme caso, reflexiona cómo puedes introducir más diversión, alegría y disfrute a tu vida y lleva a cabo la acción oportuna, solo con este gesto ya estás empezando a cuidar a tu niño interior, esa parte tuya tiene deseos y necesidades, préstale atención.

Lenguaje

Cuando te hablas a ti mismo, diciéndote palabras negativas, insultándote, es a ese niño interior al que ofendes, al que no comprendes, al que criticas.

Estas críticas están causando un daño incalculable a tu autoestima y a tu bienestar emocional.

Comienza a juzgarte a ti mismo de una forma mucho más racional, tolerante, objetiva y positiva

Háblate con amor, hazlo por tu niño interior, si te hablas con cariño tu niño lo percibirá y comenzará la sanación.

Según mi propia experiencia, recuperar a nuestro niño interior aporta muchísimo; empiezas a poner límites desde el amor y quererte más. Cuando te quieres de verdad, te sientes merecedor de lo bueno y lo mejor llega a tu vida.

Te conectas con la alegría de vivir, empiezas a hacer cosas que te apetecen de verdad y tu vida es mucho más plena.

Sabes tratar mejor a otras personas, porque ahora tú quieres a tu niño, lo entiendes y lo cuidas, y esto se refleja en nuestras relaciones personales, te conviertes en un adulto amoroso para tu niño y los demás.

Sueltas dolor y emociones negativas asociadas a tu infancia, limpias tu subconsciente y como es dentro es fuera, empiezas a atraer circunstancias más positivas a tu vida.

Tienes una gran sabiduría a tu alcance, el niño es esa vocecita interna que sabe lo que está pasando, lo que queremos o no queremos, cómo nos sentimos en cada momento.

Sed padres de vosotros mismos, no os arrepentiréis...

5

Pautas para la educación de los niños

A los niños antes de enseñarles a leer hay que
ayudarles a arprender lo que es el amor y la verdad.
MAHATMA GANDHI

Ya que en este libro el protagonista es el niño, en este capítulo te quiero trasmitir unas claves importantes a la hora de educar a los niños, son pautas que recomienda Pilar Valdegrama, psicóloga infantil y autora de libros como *Así somos los niños* o *Así crecemos los niños*, ambos de editorial Libro Hobby, libros que te recomiendo, ya que te acercarán de una forma clara y sencilla al maravilloso mundo de la infancia.

Conexión con tu niño interior

Cuando una persona está conectada con su niño interior, es más fácil que entienda a los niños y goza de mayor espontaneidad en su comportamiento, también tiene más desarrollada su parte creativa y por supuesto está más en contacto con sus emociones.

Todo ello contribuye a que le sea más fácil hacer una escucha constante no solo de sus propias emociones sino también de lo que al niño que tiene enfrente le está ocurriendo en cada momento, incluso en aquellas circunstancias en las que nos cuesta entenderles por su falta de lenguaje.

Si sabes cuidar a tu niño interior y estás conectado con él educarás mucho mejor a tus hijos.

Dale mucho amor

La principal vitamina del niño es el amor y si no le amas no podrá amar. Cuando un niño recibe amor desde la infancia, dará amor cuando sea adulto. El amor es la mejor fuerza para la formación de su vida física y espiritual.

El niño siente el amor ya en el útero, igual que pueden sentir el rechazo. Nada más nacer es importante que el niño sienta el amor con miradas, caricias y también es muy importante el lenguaje, si nuestra forma de comunicarnos con los niños es amorosa y les proporcionamos con nuestras palabras el apoyo que necesitan poco a poco irán desarrollando un diálogo interno positivo que les será de gran utilidad en los momentos difíciles.

Si los niños se acostumbran a oír frases como: «Tú puedes», «Tienes aptitudes y verás como lo resuelves», cuando se encuentren con obstáculos en su vida oirán una vocecita dentro de ellos que les empujará a resolver sus problemas y conseguir aquello que quieren.

Pero si al niño se le dice continuamente: «Eres torpe», «Eres vago», «No sabes hacer nada»… se lo acabará creyendo, y finalmente actuará como sus padres predijeron al dedicarle esas frases negativas.

Escucha emocional

Ayudar al niño a crecer implica respetar sus emociones, enseñarle a aceptarlas y saberlas expresar, esto no es signo de debilidad, al contrario, ayuda al niño a sentirse equilibrado y con armonía interior.

La escucha emocional nos ayuda a que el niño se sienta escuchado y comprendido, que conozca los sentimientos que le llevan a actuar de esa manera y sepa de qué forma puede expresar lo que siente, lo cual es clave para su desarrollo emocional.

La represión de los sentimientos termina generando tensión, ansiedad por no dar salida a la energía que nace de la emoción y con el tiempo esta represión puede traducirse en enfermedad.

Es un error enseñarle a los niños frases como «Los hombres no lloran», inculcándoles que tienen que ser fuertes y no mostrar sus debilidades. Esto en su vida adulta tendrá consecuencias al reprimir cualquier expresión de sus sentimientos, lo que creará problemas tanto física como psíquicamente.

Deja al niño que exprese sus emociones mostrándote comprensivo, expresa con tus palabras lo que el niño te está intentando decir, por ejemplo:

«Entiendo que en este momento estás triste y tienes motivos para sentirse así...»

«Te has tenido que sentir mal cuando el profesor te ha gritado delante de toda la clase.»

«Yo también cuando estoy triste necesito llorar.»

Expresas la emoción del niño poniéndole palabras y respetas lo que el niño siente, ellos necesitan que demos nombre a lo que están sintiendo, para que tengan la certeza de que les comprendemos, de esta forma los niños sienten alivio y consuelo porque se interpreta lo que están viviendo interiormente y se da nombre a sus emociones, de esta manera les enseñamos poco a poco a ser conscientes de lo que sienten y darse cuenta que al poder expresarlo se sienten mejor.

Tratar al niño con respeto

El niño es una persona; no es alguien inferior por ser pequeño, y hay que respetar su Ser. Por supuesto que los niños necesitan límites, han de saber que hay cosas que se pueden hacer y otras no, pero también es necesario que respetes su esencia. Educar es acompañar y guiar, no domesticar a los niños, quitándoles su creatividad, su inocencia y su sensibilidad.

No siempre es necesario decirle al niño lo que ha de hacer desde el poder de adulto, porque lo anulas. Si, por ejemplo, un niño hace las cosas con lentitud, es su esencia, respétalo, hay que aprender a respetar las diferencias, personalidad y carácter de cada niño. Los padres no pueden tratar que sus hijos sean iguales a ellos. Conocer a los niños tal cual son y quererlos por eso, ayudándolos a mejorar sus puntos débiles y a resaltar sus virtudes, ese es el deber de los padres

Es necesario *respetar la singularidad de cada niño* y esto implica, entre otras cosas, que los adultos que lo rodean, y especialmente los padres, sepan revisar las expectativas que tienen respecto al niño, para discernir cuáles son acordes con su esencia y sus capacidades y cuáles tienen más que ver con lo que ellos desean o incluso hubieran querido para sí.

Es fácil para el niño sentirse amado, cuando se le quiere simplemente por lo que es, no por lo que hace o deja de hacer, de esta forma el niño desarrolla una identidad auténtica, se reafirma como persona única, se quiere a sí mismo y no tiene que ocultar nada, porque se siente aceptado tal y como es.

La necesidad de los niños de sentirse reconocidos

Todos necesitamos sentirnos reconocidos. Que el mundo nos diga:

«Te acepto, te veo, te amo»; Reconozco lo que eres, lo que haces»; Reconozco el lugar que ocupas en mi vida».

Todos tenemos la necesidad de que el mundo, y quienes son importantes para nosotros nos vean y nos valoren por lo que somos y lo que hacemos, y con los niños es exactamente igual.

¿Cómo a un niño que es tan transparente, sensible y emocionalmente aún *inmaduro*, no va a afectarle si se siente o no reconocido?

Una situación muy común; en una reunión familiar, o una reunión de cualquier tipo, todos los adultos se ponen a charlar de sus temas. Un niño que está allí empieza a hacer cosas para llamar la atención. Tal vez se pone a cantar, a hacer chistes, u otra reacción puede ser dedicarse a interrumpir a los adultos o incluso generar conflictos y peleas.

Estas maneras de reaccionar buscan decir eh, aquí estoy, miradme». El niño busca generar algo para ser mirado, no olvidado, no dejado de lado, en definitiva, el niño busca ser reconocido.

Por supuesto, que el niño deberá aprender a respetar también los espacios de diálogo y encuentro entre adultos, pero este ejemplo sirve para destacar la necesidad del niño de ser parte», la de sentirse aprobado, amado, mirado, reconocido.

Cuando se infravalora a un niño, cuando se le ignora, cuando somos indiferentes y desinteresados ante sus necesidades, cuando nos pide que lo miremos cuando hace una hazaña:

¡Mamá mira!», y lo ignoramos, entonces el niño no se siente reconocido.

Violencia, agresividad, rebeldía, apatía… En muchas ocasiones el objetivo de estas manifestaciones en el niño es simplemente que alguien le reconozca y le dé su lugar.

Todos en el fondo tenemos estas preguntas en el alma ¿a quién le importo, quién me escucha, quién me ama?»

Espero que las sugerencias de este libro te sirvan para transmitirle ho'oponopono a los niños que haya en tu vida, y por supuesto a practicarlo tú, también espero que tomes conciencia de lo importante que es integrar a tu niño interior en tu día a día, porque sin tener en cuenta esa parte tuya nunca te sentirás completo.

¡Y no vale decir!: «Ahora no, más tarde» (una de las frases que más tienen que oír los niños…)

Tienes herramientas en este libro para vivir y hacer vivir un presente dulce, pleno y dichoso ahora, ahora y ahora.

MÁS INFORMACIÓN SOBRE LA AUTORA, TALLERES QUE IMPARTE Y LA TÉCNICA DE HO'OPONOPONO

www.golosinasparaelalma.com